单身经济学

SINGLES
ECONOMICS

何红旗

著

天津出版传媒集团

天津科学技术出版社

图书在版编目（CIP）数据

单身经济学 / 何红旗著. -- 天津 ：天津科学技术
出版社，2019.6

ISBN 978-7-5576-6303-2

Ⅰ．①单… Ⅱ．①何… Ⅲ．①消费经济学－研究
Ⅳ．①F014.5

中国版本图书馆CIP数据核字(2019)第070924号

单身经济学

DANSHEN JINGJIXUE

责任编辑：布亚楠

出　　版：天津出版传媒集团
　　　　　天津科学技术出版社

地　　址：天津市西康路35号

邮　　编：300051

电　　话：（022）23332695

网　　址：www.tjkjcbs.com.cn

发　　行：新华书店经销

印　　刷：北京中振源印务有限公司

开本 880×1230　1/32　印张7　字数 120 000

2019年6月第1版第1次印刷

定价：42.00元

单身经济崛起

目前，中国单身人口已达到2亿，虽然在人口比例上只占我国总人口的14%，但是因为总量大，仍然成为一股不可忽视的力量。调查数据显示，在我国单身群体中，10%以上的人每月可支配收入在8000元以上，其中，7%以上的单身女性年收入超过20万元，是典型的单身贵族。

与家庭消费结构不同，单身一族的储蓄意愿相对偏低，其消费能力较强。随着单身人群逐年壮大，市场中形成了一部分相对固定、有相同特征的消费群体，这促进了相关产业及服务行业的发展，由此催生了单身经济迅速崛起。

事实上，"单身经济"这一概念，最早由西方经济学家F.T.麦卡锡在《经济学人》中提出，主要针对在广告业、出版业、娱乐业和媒体业工作以及消费其产品的单身女性。不同于传统的被动单身者，她们在思想观念上发生了颠覆性的变化——为了享受生活而主动选择单身。这些单身女性具有强烈的自我意识，收入不菲，比其他阶层更愿意消费，对时髦、新奇的产品和服务一掷千金。

当下，新时代单身女性的崛起则得益于社会进步和女性地位的提升。与男士相比，女士更感性，因此在购物中会听从感觉或在情绪的驱使下超前消费、额外消费。单身女性更懂得爱自己，也更心疼自己，加上青春消逝带来的恐惧感，促使她们毫不吝啬地购买昂贵的化妆品、时装。

单身经济催生了巨大的消费，刺激着更多的商人加入这块"蛋糕"的争抢中来。在北京、上海、深圳、广州等大城市，单身经济已在消费、投资、文化等领域全面开花。

2016年，中国外卖行业销售额增长44%，其中65%的订单来自未婚的顾客。而来自美团外卖的数据显示，2017年上半年，北京、杭州、南京、上海和深圳的外卖单身用户数量占比超过60%，其中，北京的单身用户数量占比高达73%。

2017年5月，天猫发布的《2016年消费报告》显示，天猫平台上的单人份商品市场供应同比增加5.6倍，消费增加2.2倍。其中，迷你洗衣机的成交总额约10亿元，迷你榨汁机的成交总额约1.9亿元。

在休闲活动中，国内超过50%的单身男女最爱旅行。与已婚人士相比，单身人士更喜欢观光并体验旅游目的地的文化。这或许可以解释为，保持单身的人有更多自由时间，能够真正来一场"说走就走"的旅行。

没有人会忘记，2009年11月11日，淘宝商城（天猫）恰恰是用"光棍节"作为营销噱头，开启了"双十一"这个震撼全球零售业的网络购物大狂欢。在中国，单身经济方兴未艾，蕴藏着无限商机。比如，商家可以聚焦垂直领域，像一人游、一人KTV等，可以瞄准针对单身人群的服务类别与服务岗位，也可以抓住单身经济中的需求变化满足特定需要……

本书不仅聚焦单身经济蕴藏着哪些商机，生产者与服务者应该从哪些方面淘金，而且从经济学角度剖析了单身男女为何选择单身，有哪些独特的消费行为，以及如何投资理财才能避免因为过度消费而导致财务赤字等内容。

可以肯定的是，在今后很长一段时间里，单身的人数会越来越多。究竟是单身潮流改变了商业，还是商业的丰富、便利促成了单身的流行？翻开本书，相信你一定可以在趣味阅读中找到想要的答案。

>>> | **目录**

第五章

消费层级：在花钱中实现个人保值增值

第六章

博弈论——三十不嫁，不婚族的经济看板

附 录

第一章
效用最大化：单身是理性经济人的选择

个体消费与家庭消费决策逻辑不同，因此带来的生存体验、商业结果也不同。在家庭中，消费决策基本需要各方妥协，无法在最大限度上满足个体需求；而单身人士则无须受到这样的限制，如何消费完全由自己决策。

从万元一只的手袋说起——奢侈品

> 消费的一个重要目的是给他人留下印象，也称之为"炫耀性消费"。也就是说，消费者花钱是为了让他们的朋友及邻居嫉妒。此外，消费者花钱还有一个目的——跟上其朋友及邻居的消费水平。

有人花一万元钱只为买一只名贵的手袋。在普通人看来，这种做法的确很奢侈。要知道，性价比和品位不输的可替代产品有很多。

看着有钱人轻描淡写地把奢侈品①买回家，难免让人心生嫉妒。其实再深入地想想，你也许会恍然大悟：这种生活，其实就是拥有比别人成本更高的生活，前提是这种消费水平在你的承受范围内。

丹妮结婚两年了，每月近万元的家庭收入足够支撑她与丈夫的

---

① 奢侈品，在国际上被定义为"一种超出人们生存与发展需要范围的，具有独特、稀缺、珍奇等特点的消费品"，又称为非生活必需品。

生活。但是，每次与单身闺密蓝莓逛街购物的时候，她都忍不住斥责对方花钱太厉害。

比如，蓝莓一件上衣的价格相当于丹妮家里那台彩电的价格，这让丹妮有点无法接受。不过蓝莓从来都不会觉得价格贵，她甚至抱怨自己的衣服太少了。

有一次，蓝莓疯狂采购，从衣服到首饰，再到化妆品，总怕亏待了自己。而丹妮则在旁边不停地抱怨，把每一件奢侈品与家里的实用器物进行价格换算与类比：微波炉、烤箱、沙发、冰箱……她可以想象，当自己提了一只限量版的路易·威登走在路上，相当于提了一台液晶电视的时候，很难不产生罪恶感。

蓝莓可不这么看，她有自己的想法："把钱花在自己身上，总是让人高兴的事情。一个女人，要善待自己，尤其是单身的时候。"

这时候，丹妮总会以过来人的身份教训说："钱还是省着点花吧，赶快把自己嫁了，学会精打细算地过日子。"

然后，蓝莓开始发表自己的高论："一个人的生活也挺好，华服美食，想买什么都可以；夏威夷、普吉岛，想去哪里即刻动身；亲朋好友众多，自然也可以欢歌载舞；如果嫌无聊，还有大把的好书、音乐会、电影随时可以去看……我为什么非要选择嫁人呢？"

一位情感坎坷的独身者说过这样一段话："在这个世界上，我们会有许多爱的人，也有许多爱自己的人。但是，真正懂得你的内心并善待你的人，只有你自己。换句话说，对你最好的人，只能是你自己。"

　　许多年轻人和蓝莓一样，每天辛苦打拼，同时追求美好而精致的生活。在财务自由的基础上，他们更懂得对自己好一点，呈现出高收入、高消费等特征。在美好的青春时光里，这些单身者拥有更大的身心与财务自由，在某种程度上实现了经济学上的效用最大化。

　　在物质上犒劳自己，毫不吝啬地花一万元买一只手袋，说到底是善待自己的表现。毫无疑问，奢侈品无论从经济、品位、个性上，都能最大限度地带来身心的愉悦。

　　从珠宝品牌卡地亚、蒂芙尼、恩佐、欧克塞特到皮具品牌路易·威登、香奈尔、迪奥、古驰，从名表品牌欧米茄、积家、伯爵、江诗丹顿到化妆品牌娇兰、兰蔻、娇韵诗、雅诗兰黛，许多高收入单身人士毫不犹豫地在物质上给予自己最好的享受。

　　由此不难理解，为什么不少在城市里拥有高收入、高学历的男女，宁肯做孤独的夜归人，也不急于给自己找另一半，把自己锁进"围城"里。经济效用的最大化，生活空间上的自由化，以及由此带来的人生乐趣，才是他们选择单身的根本原因。

　　对已婚者来说，财务、空间上的自由是昂贵而奢侈的。一个普通的家庭主妇，不会把一个月的家庭开支费用拿来购买法国香水；与之相反，单身者恰恰有这样的自由。

　　从经济学的角度分析，单身是一种奢侈的追求。这种选择主要基于以下几种因素。

◎条件优秀的人更容易选择单身

　　一项婚介调查报告显示，条件普通的女子往往早早地出嫁，为的是共同地面对生活。大龄单身女子往往是"三高人群"——学历高、素质高、工资高，所以并不急于靠婚姻改变生活状况。因此，条件优秀的人更容易选择单身，这对男女都适合。

◎保持单身是为了体现绩优股的价值

如果把婚姻当作股份制公司，结婚就是资产重组的过程。两个并不强大的公司可能会选择合并，谋求在稳定中发展的道路。而优秀的单身男士或女士是绩优股，一枝独大的现实让他们觉得不急于寻找合作伙伴，还有的人担心重组之后优良资产会被剥离。

◎为了享受更美好的生活而单身

毫无疑问，婚姻生活需要更多的投入。一个人毕业后经过几年奋斗，刚有点财务自由就结束单身生活，意味着要承担更多的家庭责任，要扮演父亲、母亲的角色。这会让许多人感觉被束缚或太累。为了追求个人生活空间的自由，为了享受更多物质生活的奢华，他们暂时选择了单身。比如，有的女性不想过早卷进平庸主妇的琐碎生活，于是推迟了结婚年龄。

经济学解读

单身的男女，常常被冠以"单身贵族"的称号，在今天，恐怕用"奢侈品"这个经济学词汇来形容才更合适。

那些到了结婚年龄，而且物质条件不错的男女，仍然维持单身生活，在他人看来这是在追求一种奢侈品：奢华的物质享受，自由的个人空间。

◀◀◀

婚姻需要很大的投入——交易费用

> 我们在享受灯光、安全、教育、阅读的时候，没有意识到别人为此而付出，就是无知。

如果把男女之间的感情交往比喻成购买日用消费品，那么婚姻就是购买耐用消费品。显然，后者需要更多资金的投入，成本也更大。为此，当事人在进行选择或做决策的时候会更慎重。

婚姻生活需要很大的投入，包括时间投入、资金投入以及丧失某些个人自由。而且，单身男女在茫茫人海中搜寻中意的另一方，还要付出必要的搜寻费用；找到合适的交往对象之后还要支付交往费用。相比单身的财务自由、个人空间大，有的人会在婚姻门前犹豫不决。

◎结婚成本偏高，推迟了一些人的结婚年龄

传统婚姻讲究门当户对，有钱有势的人家一般不娶穷人家的女子为妻。并且，这种指令型婚姻的交易费用主要是彩礼[①]。对女方来说，拒绝彩礼意味着自降身价，会有失颜面；站在男方的角度来看，彩礼的高低显示着一定的诚意。这种心理契约与婚姻风俗流传

① 彩礼，中国旧时婚礼程序之一，又称定亲财礼、聘礼、聘财等。

至今，无疑增大了普通家庭的结婚成本。

生活中，尽管一些年轻男女以两情相悦为婚姻基础，因爱成婚也极大地提高了婚姻生活的幸福指数，但是，双方在心理上仍然会将物质条件作为重要的参考指标，即便当事人不放在心上，背后的两个家庭也会十分看重。

显然，金钱能够在关键时刻为爱情加分，制造浪漫和快乐，让双方的关系更进一步。但是，金钱也有着冰冷的外表，让爱情和婚姻变得有点功利。对男方来说，如果经济实力不足，或者短期内的财力无法有较大提升，无论是与心爱的人步入婚姻的殿堂，还是展开一段恋情，都会显得心有余而力不足。受此影响，那些财力匮乏的男性因为婚恋的交易费用高昂而进入单身的行列，这其实是一种无奈的选择。

经济学之父亚当·斯密①指出，市场是一只看不见的手。理性人决定是否恋爱、结婚时，都会衡量机会成本，比如投入的时间、精力以及财力等。当恋爱、婚姻成本过高时，人们大多会选择放弃婚姻，当然也有勇敢的人把爱情放在第一位，把面包放在第二位。

◎家庭生产失去成本优势，导致现代婚姻变得越来越脆弱

从经济学角度分析，婚姻无非是两家公司合并，从而让资源得到更合理的配置，产生更大的收益。通过优势互补，或者强强联合，一段婚姻让双方实现利益最大化，可以有效降低各种交易费用。

在婚姻中，男女双方扮演着多种角色——厨师、护士、采购

---

① 亚当·斯密（1723年6月5日—1790年7月17日），经济学的主要创立者。他出生在苏格兰法夫郡（County Fife）的寇克卡迪（Kirkcaldy），是一个遗腹子。亚当·斯密终身未娶，一生与母亲相依为命。

员、司机、清洁工、保育员，双方难分彼此。通常，上述角色都可以从市场中找到，但是两个人放弃市场，选择结婚这种形式，就是为了发挥家庭组合带来的成本优势。

显然，男女结婚除了感情因素，主要是为了实现长期合作，让生活得到保障。以心理需求为例，由于人们的个性越来越强，以及个人在婚后的发展变化，因此曾经能够彼此给予心灵安慰的人或许逐渐变得矛盾重重，甚至形同陌路，婚姻也只是形同虚设。于是彼此只好向外人寻找安慰，原来只有夫妻间才能聊的话题，当下，可以从身边的朋友或同事那里得到理解，找到慰藉。这种开放的趋势，使得婚姻变得越来越脆弱。越来越多的人不想被婚姻困扰，于是选择单身。

经济学解读

如果把婚姻当作一种投资行为，那么这种投资显然具有不可逆性。面对高昂的交易费用，任何一方如果单方面撤资，就会给另一方带来巨大的沉没成本。因此，越来越多的人对婚姻采取审慎的态度，甚至暂时用同居代替结婚，规避因为决策失误而带来的巨大损失。

今天，人口自由流动带给每个人巨大的决策权，父母的干预对个人的影响越来越小。面对诱人的机会，人们不再将婚姻作为当前最重要的事情，无论是享受单身的快乐，还是专注于事业发展，都是出于内心的意愿，是为了个人利益的最大化。

婚姻之外的预期回报——机会成本

选择一种东西意味着需要放弃其他一些东西。一项选择的机会成本是相应的所放弃的物品或劳务的价值。

爱情与婚姻就像其他人类行为一样，寻求的是实实在在的收益。是否结婚，什么时候结婚，对当事人来说都是出于理性的判断。因此，单身同样是一种经济理性的选择。那些保持单身的人之所以不结婚，无非是期待得到更好的预期回报。这涉及一个经济学概念——机会成本。

所谓"机会成本"，是指在面临选择时，被放弃的选项中价值最高的那一部分。比如，李小姐有三个结婚对象A、B和C。对于李小姐来讲，A比B好，而B又比C好。所以，B就是李小姐选择A的机会成本。

同理，李小姐现在有一个结婚机会，可以过上安定的生活；但是如果暂时不结婚，选择公司外派的机会，那么她不但收入会翻番，还会在职位上得到提升，未来几年能登上更广阔的发展舞台。最后，李小姐选择外派，就是为了避免失去难得的发展机会，获得更好的回报。

今天，一个优秀的职业女性会面临许多选择，包括更好的工作机会、远大的前程以及自我价值提升后选择更优秀男人的机会。如果选择一段普通婚姻要放弃太多，她就会心有不甘；如果需要在婚姻中投入太多时间和精力，她就会畏惧不前。

人们比以往任何时候都注重个人价值的实现，如果单身反而有更好的预期回报，那么单身便成为自然与理性的选择。

◎单身的机会成本促使人们追求效用最大化

单身反而有更好的预期回报，这让每个理性的人都最大限度地追求个人效用最大化。"效用"是经济学中的基本知识，比如购买一件物品，并非只是买了这个东西，而是买了不同特性的效用。再比如选择交朋友，有的人着重考虑对方是否幽默、温柔、细心，有的人则考虑对方是否容易相处、沟通无障碍等。显然，这些都是在追求不同的效用。

有的女性追求单身的自由生活，以及自我提升与上升空间的拓展。显然，她们都是在追求效用最大化。

单身的效用大幅提高，也就意味着结婚的效用降低。在过去几十年里，中国女性的收入大幅度提高，各种消费、娱乐方式层出不穷，单身生活的质量也随之改观，结婚的吸引力自然降低。受此影响，单身的效用曲线上升。当男性无法提供比单身更高的效用时，有的女性根本不会委屈自己下嫁，而是会选择成为单身一族。

◎享受单身生活，追求内心快乐

在过去很长一段时间里，年轻人受物质条件差、就业率低的影响，早早选择结婚，过上了稳定、有保障的生活。尤其对女性来说，以前没有钟点工、快餐、洗衣机，她们很难一边工作赚钱一边操持家务，所以结婚是一种必要的生存手段。今天，年轻人结婚主要考虑感情的满足。如果婚姻生活拮据，失去太多自由，他们就更愿意选择单身，自己养活自己，过着一种快乐自在的生活。

随着受教育程度的大幅提高，今天越来越多的女性能够养活自己。如果一段勉强的婚姻不足以满足女性对未来生活的全部想象，则她们宁愿选择单身，所以，女性到了一定岁数还没有找到心仪的对象，这种情况并不稀奇。

在新加坡，30～34岁的女大学毕业生中有35%未婚；在泰国，25%的女大学毕业生在40岁时仍然独守空房；在中国，一家婚恋网站的调查显示，大约82%的大龄单身女性拥有高学历。并非这些女性不渴望结婚，而是在现实面前，她们找不到比维持单身生活更令自己满意的选择。在结婚对象选择上宁缺毋滥，是理性思考和选择的结果。

◎单身女性事业越强，越难走进婚姻

在众多单身人士中，在事业上有所成就的单身女性似乎更难走进婚姻。通常，她们收入高，经济上独立，无须依赖男性，因此，选择结婚对象的时候，她们会摒弃经济因素，更容易挑剔。

在男强女弱思维的影响下，事业型单身女性往往会选择比自己成就更大的男性，而后者变得更加不易得，甚至是一种稀缺资源。除非婚姻市场上能获得更好的回报，否则事业型单身女性不会轻易放弃眼前的一切。换句话说，单身女性事业越强，越希望有更好的

感情，从而得到补偿。在期望值很高的情况下，结婚对她们来说变得更不容易实现。

经济学解读

面对婚姻，"选择"并不是唯一的选择，"不选择"也是选择的一种。在一个不愿意将就的时代，年轻人有了更多选择的机会，这其实是一种社会进步。在婚姻的十字路口，有的人不肯委屈自己，其实是理性人主动选择的结果。

有人选择当家庭主妇，有人选择事业，每种选择对当事人来说都是最优的决策。最重要的是，你要活出自己想要的生活。让女人有更大的自由是文明和进步的表现，因此越来越多的人选择单身并不值得大惊小怪。

对某些人来说，单身绝对是最快乐的选择；如果不是，那么他们大可随便找个人结婚，只要降低要求，就没有什么不可能。从机会成本的角度分析，选择单身只是一种最优选择，不一定是最好选择。最好的选择往往是一种想象，而这超出了现实，大多是不可能的。

独立女性更愿意为自己埋单——财务自由

> 一个人收入的多寡，对他的性格所产生的影响，常常不弱于
> （即使稍差一些）获得收入的方法所产生的影响。

在一个随性自由的时代，没人愿意将就着过日子。如果对方不是令人满意的那个人，那么自己情愿享受单身的自由和洒脱。今天，越来越多的女人不着急结婚了，并非是因为她们不愿意找一个伴侣过二人世界，而是因为如果这种生活比单身的日子更糟，她们情愿维持现状。

与男友同居前，李然是一家外企的营销主管。和许多女孩子一样，她对未来的同居生活充满了期待和想象，渴望享受二人世界的浪漫与甜蜜。然而，踏入这扇大门后，李然才发现一切并非想象中那么美好。

开始的时候，男友还保持着恋爱期间处处殷勤的做派，然而过了几个月就画风突变。原来那个体贴周到的人不见了，男友像换了一个人。想象一下：自己伺候了一天客户，还没下班就开始盘算着

晚饭怎么搭配食材；回到家里，洗衣机里堆满了脏衣服；忙碌半天做好了晚饭，男友吃完甩手去打游戏了，留下自己收拾残局。

显然，这不是李然想要的生活，她不允许自己在这样的日子里沉沦，耗尽人生的美好。与男友多次沟通之后，对方始终没有根本性改变，于是李然果断与之分手，重新回归自己以前自由、快乐、美好的单身生活。

一般来说，高收入女性群体过了依附男人解决生存问题的阶段，她们在经济上实现了独立，在获得财务自由的同时大胆追求选择生活方式的自由。在对待婚姻这件事上，她们最大的特征是不再委屈自己。如果遇不到合适的结婚对象，则她们甚至会一直保持单身。

◎单身女性不着急结婚的经济因素

单身女性日益增多，并引起广泛关注，我们需要从经济学的角度分析背后的真正原因。

在传统社会里，很多女性没有实现经济独立，往往需要依附于家庭才能生活。于是，婚姻在某种程度上就成了维持生存的一种途径。到了适婚的年龄，女人为了及时把自己嫁出去，甚至会降低要求；至于双方是否有感情基础，也并不重要，因为经济因素占据了首要位置。

随着生产力水平的提高与社会发展，很多女性在经济上开始独立，自然对婚姻提出了更高的要求。不可否认，传统婚姻无法带来爱情意义上的幸福。当女性不再受制于经济问题时，她们就摆脱了婚姻中生存功能的制约，开始追求心理上的满足感。

今天，那些实现经济独立的女性不再过于看重男性的财富，而是更注重他们的容貌、气质、品位以及双方的契合度。如果找不到满意的结婚对象，那么与其随便找一个人凑合过日子，她们宁愿自己挣钱自己花，享受一个人的种种美好。

然而，任何事物都有两面性，实现财务自由的女性为了追求更高质量的婚姻变得挑剔起来，无疑会错过某些适合结婚的对象，甚至在一定程度上对婚姻市场的真实行情产生了误判。女性盲目乐观估价而导致脱离实际，也要承受嫁不出去的风险，以及由此带来的家庭与社会压力。

◎五成中国单身女性从经济独立步入轻奢

国内一家婚恋网站发布的《2017年中国单身女性调研报告》显示，超七成的单身女性表示，当今女性多才、多艺、有才华，不但颜值高、身材好，而且工作能力强、收入高。在她们的潜意识中，提升自我能力，拼才华、学识与职业技能是实现财务自由的关键，不再依靠男人成了最显著的特征。

此外，调研还显示，超八成的单身女性年收入在10万元以下，12.32%的单身女性年收入在10万～20万元，年收入20万元以上的人群占7.28%。在高收入的女性人群中，北京、上海、深圳、福州、广州、南京、长沙、成都、东莞、杭州的单身女性占比居全国前十。

不难发现，新一代单身女性有着很强的消费能力，并且她们不再满足于日常生活中的正常消费，而是或多或少有额外消费的规划，体现了高品质的生活水准。除了把剩下的钱存起来，另外五成女性已从经济独立步入"轻奢女性"的行列——有买房、买车的能力，有购买奢侈品的资本，有额外长途旅行的经费。

正所谓"经济基础决定上层建筑"，新时代单身职业女性实现了财务自由，不再过早踏入婚姻，追求更多精神层面的体验、物质层面的享受，极大地提升了个人生活质量与品位。与此同时，她们的结婚年龄也后移，进一步壮大了单身人群的队伍。

一旦从家庭的束缚中解放出来，这些离开男人独立生活的女性更愿意为自己埋单。经济独立带来精神层面的革命，她们对自己更认可，并充分实现个人价值。当然，她们对未来的婚姻生活也抱有更高的期待，既会追求物质方面的财富，也会考虑精神层面的和谐。

经济学解读

许多女性实现经济独立以后，开始追求更高品质的生活，与其说"单身贵族"是婚前的一种状态，不如说是财务自由带来的结果。单身女性的增多证明择偶困难是双向的，这与整个社会的变迁有关，表明经济自由让女性对婚姻的依赖程度降低。

单身时期是一个人最好的增值期——跳蚤效应

经济规律是关于在一定条件下人类活动的倾向的叙述。

二十几岁是人生中最美好的年华，也是最宝贵的奋斗时刻。这时候，人的精力最旺盛、思维最活跃，也最有想象力。一个人充分利用好这段时光，在工作或专业领域内有所作为，会为一生的成长和发展奠定坚实的基础。

年轻的时候拥有甜美的恋情，或者步入幸福的婚姻殿堂，都无可厚非；但是，如果在这方面不尽如人意，也不必纠结，你完全可以把精力投入人生奋斗上，静候缘分的到来。有句话说得好，"单身是一个人最好的增值期"。给自己设定更高的目标，投入更大的精力，一定能够取得出人意料的成就。

在自己最美好的年纪，刘佳遇到了初恋，两个人热烈地相爱，每天有聊不完的话题。然而谁也没有料到，他们有一天会形同陌路。秋天的时候，两个人分手了。随后，刘佳收拾好行李，离开了读大学的那个城市，来到了北京。在一个陌生的地方，她想了许多事，告诉自己一切都会过去，决不能因为爱情而迷失自我。

开始新生活以后，刘佳到一家网络公司上班，把手机换了，重新规划自己的人生。在简单、安宁的生活中，她渐渐找回了坐标，清楚了努力的方向——写作。心变得恬静了，她把过往的经验、当下的感悟、未来的想象写在纸上，自己未曾发觉的文采得到了释放。

几年下来，刘佳出版了五部作品，与出版社和读者建立了紧密的联系。在与读者交流的过程中，她发现许多人有情感、心理方面的困惑，于是开始潜心研究这方面的课题。刘佳意识到，情感挫折疏导是一项重要而急迫的工作，可以帮助更多的人摆脱不良情绪的困扰，重建积极乐观的心境。随后，她开始努力学习心理学、生理学、社会学知识，逐渐成为这个领域的精英。

一个人独处的时候，刘佳喜欢打理自己的花园，红玫瑰、香雪兰都是她的最爱。这些鲜花可以让她的心静下来，房间里飘着淡淡的花香，也带来许多写作灵感。一个女人可以孤单，却不一定寂寞。在一个人沉思、感悟的日子里，刘佳完成了美丽女人的蜕变。

心有多大，舞台就有多大。珍惜单身的时光，做一个有想法的人，将你的梦想付诸行动，你一定可以在自我超越中成就最好的自己。因为情感遇挫而自暴自弃，整天虚度时光，这样的日子毫无价值可言。有野心的人知道自己该做什么，不浪费每一天、每一秒。

生物学家做过这样一个实验，把跳蚤扔到地上，然后它能从地面跳起一米高。接着，在一米高的地方放一个玻璃盖，然后跳蚤跳起来的时候会撞到盖子上。反复几次之后，撤掉玻璃盖，发现跳蚤已经不能跳到一米的高度了。为什么会出现这种情况呢？原因不难理解，跳蚤多次触碰到玻璃盖以后，开始主动降低跳起来的高度，并且逐渐适应这种情况，不再尝试跳得更高。这就是经济学上的"跳蚤效应"。

"跳蚤效应"的启示是，一个人如果想取得更大的成就，就要为自己设定一个可以追逐的目标，并且这个目标不能太低。换句话说，你有什么样的目标，就有什么样的人生。很多人不敢追求梦想，不是追不到，而是因为心里默认了一个"高度"——它常常使他们受限，看不到未来确切的努力方向，结果每天过着庸庸碌碌的日子。

◎单身期间让自己变得更有价值

单身的日子没有想象中那般无聊，只要你为自己设定上进的目标，并坚持持续不断地努力，就能看到自己蒸蒸日上。利用好单身期间的大把时间，沉下心改造自我，踏踏实实过好每一天，你会发现爱情不是人生的全部，还有那么多美好的东西值得努力争取、细细品味。

列出一张清单，去健身房消除身上的赘肉，慢慢品味好书、电影，在公园里一边散步一边和自己对话，制订一个可行的理财计划……除了两个人在一起的欢腾日子，人生还有静心思考的快乐，这可以让精神达到前所未有的高度。

人们喜欢用经济学衡量爱情，把不同品质的男人（女人）比作股票，希望抓住潜力股，看准绩优股，扔掉垃圾股。如果想稳赚不赔，那么在购买股票之前是否应该先成为一个有鉴赏力的股东呢？利用单身的空档期清理情绪垃圾，让新的知识和眼界升华自我，这种修行能让你跳得更高，面对下一场恋爱的时候能选择更好的对象。

◎勇于突破自我的人有更好的未来

人生有无限可能，无论你处在热恋中，还是保持单身，都不应该给自己设限。跳蚤变成"爬蚤"并不是因为失去了跳跃能力，而是因为多次受挫后形成了思维定式，不再奢望更高的目标。单身人士并非没人爱，结束一段恋情也不意味着人生变得灰暗，永远朝着更高的目标努力、奋进，勇敢超越自我，未来就有无限可能。

害怕寂寞是人类的一种普遍心理。单身的时候百无聊赖，甚至整天混日子，这样的人生毫无趣味可言，也意味着失败。如果在心理上默认了单身意味着一片空白，而无法逾越这个高度，那么你就失去了追求卓越人生的野心，即便有一段新的恋情降临，你也会因为实力不济无法抓住它。在一次次失败中怀疑自己，恐惧失败后自尊和自信受到打击，于是变得畏首畏尾，思考问题的能力也直线下降，这才是最令人忧虑和恐怖的事情。

单身时期是突破自我的时候，是迈向下一个战场的驿站。如果无法战胜孤独，不能自我成长，那么未来的日子必然令人怀疑。追求卓越的人珍惜单身时期，勇于突破"心理高度"，因此跳得更高，让人生充满无限可能。

经济学解读

一个人畏畏缩缩地思考，在不知不觉间已经给自己设限了。如果潜力不能爆发出来，那么生命的价值就变得一文不值。超越

"跳蚤效应"的限制，单身的人才可以变得更优秀。

生活不相信眼泪，请收起你失恋的落寞，在单身的日子里潜心修行，不远处一定有更好的人在等着你。不做精神上贫瘠的人，朝着积极向上的生活态度靠拢，在有限的璀璨年华里，唯有好光阴不可辜负。

<<<

努力成就更好的自己——贸易壁垒

貿易可以使每个人的状況都变得更好。

研究发现，有的人对婚姻持有排斥或恐惧心理，一个重要的原因是不想委曲求全。在一段婚姻中，双方不仅要结成法律上的契约，还要在生活中履行忠诚、协作等义务。这类似于经济学中的贸易壁垒，对第三方具有排斥性。对方是不是那个对的人，在很大程度上是一场赌博。此外，保持单身就意味着拥有交易的自由，遇到更好的人或者让自己变得更好，至少能让最终的赌注更高一些。

换句话说，一个人对另一半期望过高，而自己还没有足够的本钱成就相应的婚姻，他宁愿暂时选择单身，努力成就更好的自己。如果委屈自己投入一段婚姻，就会失去得到更完美婚姻的机会，人们断然不肯接受这种由"贸易壁垒"造成的不利局面。

苏童是一家媒体公司的文案，虽然到了该结婚的年龄，但是她并不想匆匆找个人嫁了。面对父母的催婚，她淡定地说："我现在没精力思考结婚，现在最重要的是让自己变得更好一点，将来才能遇到更优秀的人。"

几个大学同学都陆续结婚了，从此她们开始了柴米油盐的日子，时常与婆婆发生冲突，这让苏童对婚姻生活有些惶恐。虽然身边的人多次给她介绍男朋友，但是无一令其满意。最后，她干脆一心工作，在职场上干得风生水起。

去年春节回家，爸爸在饭桌上阴沉着脸对苏童说："你到底怎么回事啊？过了这么多年，到现在还没领回来一个男朋友！我和你妈年纪大了，经不起等待了！"看着爸爸鬓角的白发，苏童心里有些难过，她急忙平复爸爸的情绪："放心吧，这事我会抓紧！"

虽然成了大家眼中的大龄剩女，但是苏童在结婚这件事上不想将就，更不想因为草率结婚而最终后悔不迭。

在经济学上，贸易壁垒又称贸易障碍，主要是指一国对外国商品劳务进口所实行的各种限制措施。通常，使正常贸易受到阻碍，市场竞争机制作用受到干扰的各种人为措施，都属于贸易壁垒的范畴。

保持单身的人不想轻易走进婚姻这座围城，失去与更优秀的异性结合的机会，其实是在追求更完美的人生。这表明，他们在情感、经济上有着更高的追求，希望通过推迟结婚年龄换得将来更好的结果。

◎与自我实现相比，结婚的收益在降低

一个不争的事实是，开放既有利于个人的成长进步，又有利于国家和地区的经济发展。在现代社会中，设置贸易壁垒为自由经济增加了不和谐的因素，导致各种经济要素得不到自由交流。从长远来看，这会严重制约一个国家和地区的发展，也会损害当地居民的经济利益。

从经济学的角度看，婚姻也是一种贸易行为，是契约双方达成某种交易的过程。婚姻受到法律保护，坚决杜绝一切出轨行为，如果犯了重婚罪会受到严厉惩罚。并且，男女双方在婚姻中除了享受情感的慰藉，也要承担相应的责任，牺牲自己某些方面的利益，包括个人成长与自由。从某种意义上说，婚姻形成了一定意义上的贸易壁垒——男女双方中的任何一方都不能再与他人缔结其他婚姻形式，并丧失某些利益和收益。

每个人都有权对自己的人生做出选择，找到最舒服的存在方式。有的人觉得结婚生子、安稳生活最舒服，这当然很好。在社会生存压力、竞争压力日趋增大的背景下，更多的年轻人推迟了结婚年龄。也有人觉得自我实现是最重要的，结婚退居其次。马斯洛需求原理将人的需要分为生理需求、安全需求、社交需求、尊重需求和自我实现需求，而自我实现正是最高的一种需求。

在中国城市化进程中，每个人都主动或被迫参与到这场声势浩大的运动中来，遭遇的挑战和压力也是空前的。无论是出于生存需要，还是为了实现自我价值，人们都要付出很多，甚至做出某种程度的牺牲。对某些人来说，与"嫁不了人""结不了婚"造成的困扰相比，"最后什么也没干成"带来的压力更大。而在这个功利的世界中，"自我实现"在某种程度上又是结婚的必要条件。换句话说，暂时保持单身既是一种无奈的选择，也是为了成就更好的自我，以便将来收获一份自己满意的婚姻。

◎生活太幸福是幸运，也是不幸

无论男人还是女人，都会有渴望亲密关系的时刻，得到另一半贴心的关爱和慰藉。对单身人士来说，没有稳定的情感令人痛苦，那种飘浮的状态无法获得安全感，所以他们对幸福的渴望就更加强烈。

其实，没有人喜欢孤独，在没遇到合适的伴侣之前，内心总是渴望热烈的情感，从而让这个世界与自己建立关系。在落寞和空虚中，人们总是更加渴望得到幸福，找到亲密的爱人，告别形单影只的日子。

一旦有了稳定的感情，与爱人在一起就会感觉很踏实。不过，虽然感情稳定了，内心幸福了，但是也容易因此变得满足，沉浸在甜蜜中而失去斗志。

这与贸易活动类似，一旦一方与某个合作方签订了合同，就会松懈下来。稳定的家庭生活会牵扯一个人很多的精力，在个人职业、事业发展尚未明朗的前提下，单身人士显然有更多自主行动与发展的机会。有的年轻人选择"先立业后成家"，就是出于上述考虑，在他们看来，单身时期投入大量时间和精力做事业，能让一个人更加有效地增值。

经济发展良好，人们享受着持续的贸易红利，对外界的变化不再敏感，对各种新趋势也不再关注。殊不知，经济形势随时可能发生巨变，一旦失去了进取心与警惕性，迟早要接受市场的惩罚。单身人士虽然在情感上缺失，却很努力提升自我，让自己变得更优秀，只为将来遇到更好的姻缘。

经济学解读

贸易能使每个人的状况变得更好，而单身类似于开放的贸易状态，有助于个人更加无所顾忌地去实现自我价值。

既渴望婚姻的幸福，又担心误入围城，这是人性的矛盾之处。单身的人选择暂时不结婚，是在不确定性中摸索着前进，让自己变得更好。虽然不确定性本身是痛苦的，但又是非常迷人的，因为它刺激和自由。

在许多人的人生蓝图里，如果没有完成自我实现，他们就不愿意轻易结婚，更不会生孩子。这其实是追求自身价值最大化的经济学选择。

＜＜＜

提升爱情市盈率——资源配置

大多数人的最大幸福乃是判断是非的标准。

在一个充满竞争的环境里，合理调整个人的目标与状态，努力做到自我实现，是许多人的追求。年轻人有健美的体魄、姣好的容貌以及丰富的知识储备与时间，如何选择职业发展方向，如何选择婚姻，充分考验着当事人的智慧以及遇挫、受困之后的应变能力。

在经济学上，稀缺的资源在各种不同用途上加以比较之后才会做出最优选择，从而实现价值最大化。这恰恰是一种科学、合理的资源配置过程。对每个人来说，选择与谁在一起生活牵扯到人生的方方面面，一旦选择失误就会面临各种负面影响，甚至超出个人的承受能力。因此，选择与谁结婚需要慎之又慎，如果眼前这个人并不可靠，则宁愿选择单身。

有人说，结婚后都有后悔的时候。这恰恰说明，人生充满了不确定性，面对婚姻生活可能存在的风险，当事人总是根据个人的目标、理想、需求权衡利弊，进行理性选择，必要的时候赌上一把。至于婚后的生活是否如自己所愿，是否如自己想象的那般美好，没有人能够猜得到，只有切身体验后才会恍然大悟。

魏彤与男朋友恋爱5年了，还犹豫着是否结婚。虽然男友对她十分体贴照顾，两个人相处也还算融洽，但是让她迈入婚姻的殿堂并不是一件容易的事情。魏彤对物质没有过高的要求，她也不期望男友一夜暴富，唯一忧虑的是眼前这个人是否能始终如一地对待自己。

在父母和亲友的催促下，魏彤终于答应了男友的求婚，但是她约法三章，其中一点就是男友必须待自己婚前婚后一致，否则就离婚。男友爽快地答应了。

刚结婚的时候，两个人的生活还算幸福，丈夫也很勤快，这让魏彤很满意。然而好景不长，丈夫开始早出晚归。即便周末在家，丈夫也只知道玩手机打游戏，对魏彤少了关爱和照顾。

一开始，魏彤主动与丈夫沟通，对方总是说上班很累，回家想放松一下。即便丈夫答应坚守婚前的承诺，但是过不了几天又回归本来的样子，这让魏彤十分恼火。反复沟通无果之后，魏彤毅然选择离婚。

魏彤以过来人的身份提醒闺密："不要因为你爱他就冲动地结婚，如果可以的话，真的要晚一点。"如果早就知道"幸福生活"的背后竟然是一片狼藉，她断然不会迈过婚姻那道门槛，将自己置于尴尬的境地。

对每个人来说，婚姻始终是无法躲避的一个人生议题。根据个人条件与心理期望，选择与合适的人结婚是一个精细计算的过程。

男女双方的条件进行比较、权衡，这是在进行资源配置。对当事人来说，一旦对方无法满足个人预期，往往会选择放弃，暂时保持单身状态。如果一个人在一段时间内始终无法找到心仪的结婚对象，那么他（她）就成了大家眼中的剩男（剩女）。

选择单身有时候是一种无奈的选择，但是从整体上来看是男女双方权衡利弊的结果。

◎看重经济实力是在提升爱情市盈率

很多女孩选择结婚对象时，往往看重对方的经济实力，包括对方的身价、收入等。显然，婚姻需要一定的物质基础，这其实是一种理性诉求。站在女性的角度看，男方经济实力强，女性能获得更多安全感。

年收入10万元的与年收入20万元的相比，显然后者更具魅力。从女性的角度分析，选择与年收入20万元的男性结婚，更加有利。这其实是爱情的市盈率。

所谓市盈率，就是普通股"每股市价"与"每股收益"的比值。比如，股票的价格是股票未来全部预期收益的现值①，而一个人的身价就取决于他未来全部预期收益的现值。那些收入高的男性更受女性青睐，是因为他们获取物质财富的能力强，个人身价更高。

那些自身条件不错，却仍旧保持单身的女性，之所以不肯选择与条件一般的人结婚，是因为不想让自己的爱情市盈率过低。在没

---

① 现值，指资金折算至基准年的数值，也称折现值、在用价值，是指对未来现金流量以恰当的折现率进行折现后的价值。

遇到满意的结婚对象之前，她们宁愿选择单身。

当然，选择嫁给一个人，不能只看当前的收入，还要看他未来的全部预期收益。很多人在没有成功之前，往往也是一个穷光蛋。判断一个男人的未来前景是否光明，是相当困难的一件事，这是许多女性自身条件不错却仍旧单身的重要原因。

当下，随着越来越多的女性实现了经济独立、财务自由，她们自然不会为了结婚而结婚，让自己将就一辈子。在婚姻中追求高品质的生活，让自己的价值最大化，必然成为新时代女性的选择。在没有遇到对的人之前，如果对方的条件无法满足自己的心理预期，她们宁愿保持单身状态。

经济学解读

对男女双方来说，年龄、容貌、学历、收入等都是宝贵的资源。选择结婚对象，要针对自身条件评估对方的价值，资源配置就是决策的过程。从经济学角度分析婚姻以及单身现象，可以明白一个道理，所谓"经济"，就是精心地计算自己的人生。

幸福的家庭都是一样的，不幸的家庭各有各的不幸。单身男女都有自己单身的理由，无论出于什么原因，他们其实都有自己的考虑和计划。

第二章
路径依赖：单身男女事业向左，婚姻向右

在人类社会中，家庭最原始和最重要的是经济功能。当越来越多的女性进入职场，工作收入让她们不必依附于一个家庭才能生存，她们实现了真正的经济独立、人身自由与思想解放。

谁在对婚姻挑三拣四——选择成本

> 人们从来就只有权衡和取舍，而没有绝对的刚需。

剩男剩女越来越多，家长催促结婚的频率越来越高，身边的亲朋好友都在说同一句话："别挑了！"单身人士却不以为然："我没挑啊！就是遇不到合适的。"年轻的日子真的很宝贵，时间也过得很快，似乎美好的东西都容易逝去。转眼又长了一岁，而那个对的人还没出现。

实际上，从遇到一个合适的人开始，两个人尝试着交往，并不断磨合，直到准备结婚，确实是一个很长的周期。而且，其间要面对无数不确定性因素的干扰，一段感情可能戛然而止，然后从头再来。你不知道下一刻会遇到什么样的人。对单身男女来说，找到合适的结婚对象确实需要花费高昂的选择成本。

从经济学的角度分析，选择成本是消费者花费一定的人力、物力搜寻到相关的信息，然后建立起备选集，做出择优决策过程阶段所发生的成本。单身人士迟迟不结婚，与选择成本高有很大的关系。

卡洛琳遇到了一个难题：有两位追求者同时向她展开了攻势。其中一个人叫安迪，事业有成，聪明睿智；另一个人叫迈克，虽然境况稍微差一点，但是看起来对她的感情更浓烈。该选择谁呢？

周末，卡洛琳来到好友家里，向她求助："亲爱的，我遇到了一生中最大的麻烦，现在同时有两位男士向我求婚，而我却拿不定主意该选择谁。"好友笑着说："你真幸运，这么招人爱。"

好友问："如果这两位男士在一辆轿车里，遭遇了车祸，其中一人受伤……"还没等对方说完，卡洛琳急忙抢着回答："哦，不，不会的。"

"当然不会，如果有一个人受伤了，他会是谁呢？"好友接着问。"我希望迈克安然无恙。"卡洛琳几乎脱口而出。答案不言自明了，她心里更在乎迈克。

已经知道了答案，好友接着说："你要明白一个道理，爱情绝对不可以建立在任何物质的吸引上，爱情需要彼此互相包容，相爱的双方产生一种奇妙的吸引力。那个令你怦然心动的人，才是你的最爱。"

卡洛琳认真倾听，不住地点头。随后，好友深入话题："刚才谈的是纯真的爱情，然而相爱容易相处难，你们能否一直走下去，就要看彼此的包容性与契合度了。此外，如果你们想结婚，也不能无视生活中的日常开支，这也需要一定的物质保障。"

显然，安迪为人更随和，经济条件也相对好一点，难道他是更合适的结婚对象？想到这里，卡洛琳有些糊涂了，变得游移不定。与好友讨论了一个周末，卡洛琳也没有做出最后的选择。

在一个急速变革的年代，人们面临着各种机会，也承受着各种无形的压力。尤其在大城市，单身人士走入婚姻的机会成本更大，所以他们宁愿选择单身。

一般来说，学历高、收入高的单身人士更挑剔，经济上的独立让他们有更大的选择权，也更注重内心的感受，因此在外人看来他们总是对婚姻挑三拣四。随着年龄的增长，同龄人中的单身人数骤减，可供选择的结婚对象越来越少，无疑也加大了"脱单"的可能性。

◎因为不想拥有将就的婚姻而单身

"男大当婚，女大当嫁"，这是中国人固有的传统观念，并且仍然在影响父辈的思想。在他们看来，结婚与上下班一样，到了这个年龄就必须提上议程，如果错过了最佳时机，就会造成不可挽回的损失，或者留下深深的遗憾。

每逢团聚的时候，尤其是春节回家过年的那几天，适龄的姑娘、小伙子总是被七大姑八大姨盘问，然后被催促着早点结婚，或者被安排一场场相亲。虽然年轻人有自己的想法，或者没有遇到对的人，或者物质上缺乏足够的准备，但是中国人对结婚这件事总是有一种执念，所以父辈们觉得那些不结婚的理由都是牵强的借口。

也许父辈们能够与一个看上去还不错的人结婚，拥有一段看上去还凑合的婚姻。但是，让现在的年轻人这样做，他们断然无法接受。生活中，确实有一些人按照父母制定的方案行动，顺利结婚生子；但是，年轻人一旦在婚后生活中磨合不到位，或者遭遇无法调和的矛盾，他们就会果断选择离婚，丝毫不会忍气吞声。从城市到农村，年轻一代的离婚率大增，也就丝毫不奇怪了。

◎因为婚姻太重要，所以不敢轻易结婚

对那些单身的人来说，不着急结婚不是觉得结婚不重要，而是觉得结婚太重要，所以不敢有丝毫草率之举。结婚的关键，不是早或晚，而是选择对的结婚对象，然后心甘情愿地结婚。

因为还没有遇到有感觉的人，因为错过了真正相爱的人而无法忘记过去，因为物质困窘不能成全一段好的姻缘，许多人不愿意随便与人将就过日子，所以他们选择了单身。出于种种原因，年轻人面临的选择成本加大了，这让结婚成了一件困难的事情。

在经济学上，消费者在过剩市场条件下做出购买选择之前，需要认真考察各种备选对象；备选集内部备选的产品越多，消费者选择的难度越大，即选择成本越高。今天，随着升学、就业、经商活动日益频繁，人们不再局限于某一个地域，接触的人越来越多，面对的潜在结婚选择对象也日益广泛，到底谁才是那个可以共度一生的人？这的确让人摸不着头脑。

面对太多选择，面对不确定性的未来，人们内心缺少安全感，更期望获得稳定的感情，对婚姻寄予厚望，结果因为用力过猛而让原本简单的一件事变得复杂起来，甚至有些变形。这导致越来越多的人不敢结婚了。

经济学解读

将就的婚姻就像没有地基的房子，即使没有狂风大浪摧残，时间久了也会坍塌。对婚姻挑剔的人，就是因为害怕拥有这种不靠谱的婚姻，才加大了人生成本。

一段稳固的婚姻，既需要融洽的情感关系，也需要坚实的物质基础。社会变迁与转型时期带来观念巨变，经济变革导致财富获取能力不一样，都深刻影响着年轻人的心态。他们在谈恋爱这件事情上缺少勇气与包容，导致双方无法让心静下来，在追求婚姻的过程中付出了高昂的代价。

<<<

工作彻底解放了女性——囚徒困境

像其他各种科学一样，经济学研究某些原因将产生哪些结果，但这种因果关系不是绝对的，而是受以下两个条件的限制：第一，假定其他情况不变；第二，这些原因能够不受阻碍地产生某些结果。

今天，很多年轻人喜欢精神独立，不愿意接受任何束缚，甚至为了追求自由的生活而选择单身。其实，单身未必是一件坏事。如果能把精力放在自我发展上面，年轻人就会取得更大的个人成就。

不同于传统社会依附于家庭，今天许多女性通过工作实现了经济独立，婚姻作为保障生活的功能退化，因此女人不再降低标准把自己嫁出去。这时候，结婚必须有更高的追求。对爱情坚守"宁缺毋滥"，用更多自由和时间发现生活、工作的美好，成为年轻人的誓言。

然而，有了更好的物质基础、更大的选择自由以后，许多人并没有顺利找到合适的伴侣，反而保持单身状态。为什么会出现这种状况呢？不得不承认，单身潮是社会经济发展的产物。工作彻底解放了女人，让她们获得物质、人身自由的同时，也增大了单身的风险。

1950年，美国兰德公司的梅里尔·弗勒德、梅尔文·德雷希尔拟定出相关困境的理论，后来由顾问艾伯特·塔克以囚徒方式阐述，并命名为"囚徒困境"。两个共谋犯罪的人被关入监狱，不能互相沟通。如果两个人都不揭发对方，则由于证据不足分别被判坐牢1年；如果一个人揭发，而另一个人不揭发，那么揭发的人会因为立功而获释，不揭发的人会被判刑10年；如果互相揭发，则会因为证据确凿，两个人都被判刑8年。

两个囚徒都不信任对方，因此倾向于互相揭发，而不是同时保持沉默，结果在博弈中给自己带来最大损失。"囚徒困境"在经济学上得到广泛应用，被用来解释价格竞争、环境保护、人际关系等类似情况。

对单身男女而言，单身的选择也可以用"囚徒困境"来解释。摆脱物质束缚的男女更追求精神自由，将爱情完美化、神圣化，一旦对方出现瑕疵就无法忍受，产生沟通障碍也不会耐心磨合。许多人的分手理由其实经不起推敲，不过是当事人继续保持单身的借口。

男女双方都有能力养活自己，意味着他们实现了真正的平等。一些经济独立的女性在物质上不依赖男人，不需要找个男人结婚来获得生活保障，因此她们对婚姻的需求就不那么强烈了。如果男方也持这种态度，那么双方在恋爱、结婚这件事上就失去了结合机会，彼此单身的概率大增。

◎对婚姻期望值越高，单身的概率越大

在北京、上海、深圳等一线城市，有不计其数的大龄单身人群，人们称之为"第四次单身潮①"。那么，是什么原因引起单身人群暴涨呢？显然，这与整个社会变迁有关。

伴随着城市化浪潮，中国人口从农村、县城、省会逐级向大城市流动，一线城市则汇集了一大批高学历单身人士。他们收入高、学历高、职位高，对婚姻有更高层次的追求。其中，单身女性希望能够嫁得有质量。这就导致很多女性对婚姻要求过高，从而成为大龄单身女。

◎对婚姻市场行情盲目乐观，导致在博弈中受损

今天，许多在大中城市工作的女性收入不菲，丝毫不比同龄男性逊色，甚至超越了对方，成为业内的佼佼者。她们又希望结婚对象在收入、职位等方面胜过自己，需要条件更加优秀的男性与之匹配，这无疑增加了结婚的难度。

事业有成、成熟稳健的男人毕竟是一种稀缺资源，他们大多有了自己的家庭，这直接将许多单身女性排斥在外。而单身女性年龄越大，势必需要男方的年龄也越大才能与之匹配，年龄大且事业有成的男人显然也是少数。因此可供单身女性选择的余地其实并不多。

很多单身女性对婚姻市场的真实行情缺乏正确认识，因为盲目乐观估价造成一次次遗憾，这样的情形屡见不鲜。有的女性高估

---

① 20世纪末，随着经济的飞速发展和女性自主意识的提升，第四次单身浪潮逐渐显现，主动选择单身的"单女"明显增多，而且还带动了"单身经济"。据调查，30.35%的"单女"在攒钱买房，比例超过了买衣服和美容。今天这种浪潮更明显了。

了自己的实力，对婚姻提出了不合实际的要求，结果随着年龄的增大，局面对自己越来越不利。身边的好男人越来越少，选择范围越来越窄，这加剧了她们内心的焦虑。如果最后找个人凑合结婚，则这种心理落差是她们难以承受的。

摆脱"囚徒困境"带来的巨大损失，需要当事人在博弈中做到换位思考。单身女性不要总是要求男方能给自己提供什么，而要思考自己能为对方带来什么。对女人来说，能够顺利嫁给事业有成的男人，可以说是幸运儿。但是并不是每个人都那么幸运，如果不肯做出适当让步，则只会把自己逼成大龄单身女。

经济学解读

随着生产力水平的提高，很多女性在经济上开始独立，对婚姻也提出了更高的要求。有的女性并不想生育子女，只想自由自在地生活，因为不着急结婚而选择耐心等待，最坏的结局无非是嫁不出去。而那些想结婚生子的女性如果不提早抓住机会，则往往会迅速贬值。

成功又有魅力的男人是稀缺品，女人在选择结婚对象这件事上要做一个理性人，给自己正确的定位。在人生博弈中，理性人更能在"囚徒困境"中获得较好的结果，脱离实际的决策往往会带来更大的损失。

单身女性中的女强人——路径依赖

　　每种职业除了其中不能免的工作疲劳之外还有其他的不利，而每种职业除了货币工资的收入之外还有其他的利益。一种职业对劳动所提供的真正报酬，必须从它的一切利益的货币价值中减去它的一切不利的货币价值，才能计算出来。我们可以将这种真正的报酬称为这种职业的纯利益。

　　一个女性因为事业而错过婚龄，又因为放不下事业而在单身的路上走得更远，结果越成功越难结婚，这在经济学上这被称为"路径依赖"。

　　具体来说，路径依赖是指人类社会中的技术演进或制度变迁均有类似于物理学中的惯性，即一旦进入某一路径就可能无法走出来。那些选择事业的单身女性好像走上了一条不归路，惯性的力量使她们不断追求更高的奋斗目标，从而忽视婚姻。

　　那些事业心强的单身女性把所有精力都投放到事业上，最后习惯了单身。

　　即便有的女强人遇到中意的人，走进婚姻的围城，但是长期单身形成的自主决策、以事业为主的思维与生活习惯，都会使婚姻容易出现裂痕，甚至导致离婚。

美籍华人靳羽西是一个名副其实的女强人，早年她曾有过很多知名的男友，但是始终没有披上婚纱。这无疑成了父母的一块心病。有一次，客人对靳羽西的父母说："羽西很了不起，有10亿人喜欢羽西，也爱她。"身为岭南画派名画家的父亲靳永年，对这句赞美之词并不以为然："她只需要一个人爱她就够了。"

全身心投入事业中，靳羽西名满天下。虽然游走于美国上流社会，在感情方面从来都不乏机会，但是追求靳羽西的男人几乎都这样说："羽西啊，你整天这么忙，哪有时间陪我呀！"直到1990年2月11日，她才与57岁的马明斯在纽约举办了婚礼。

然而，靳羽西并没有沉醉于婚后生活，而是计划着成立化妆品公司，帮助亚洲女性建立对美的自信。爱尔兰富翁给爱妻的第一份礼物，就是同意并资助靳羽西在中国创办羽西化妆品公司，并将第一个柜台设置在上海。

相爱的人能够相守是很多人的梦想，尤其像马明斯已步入花甲之年，更渴望妻子的温存。可是靳羽西却不得不离开丈夫，在远离美国的地方开拓事业。他们对生活的理解开始出现分歧。一心追梦的女强人无法停下奋斗的脚步，最后在苦涩和惘然中与丈夫和平分手。

经过风风雨雨，靳羽西重新又回到了单身贵族的行列。

靳羽西是一个不折不扣的弄潮儿，童花头、明眸红唇，在电视屏幕上用不太流利的中文向中国介绍世界，同时用流利的英文向世界介绍中国。凭借电视和口红，她让上一代中国人看见了一个"美丽新世界"。这个美的使者，这个分别以学者、作家、记者、电视人、社会活动家以及企业家身份出现的华人女人，几乎将自己所有的精力都集中到了自己热爱的事业上——架起东西方文化交流之桥。

在完全竞争的市场条件下，一个女人如果想有所成就，在事业上蓬勃发展，就必须比其他人付出更多。从经济角度看，婚姻是需要很大投入的产品，而单身女人轻装上阵，更容易集中精力大展拳脚。

在现实生活中，被女人看作是人生依托的有两样东西：婚姻和工作。当婚姻变得缺乏安全感并不容易获得的时候，越来越多的女人把精力投放到工作和事业中去，在强大的物质基础、自我实现基础上找到寄托和慰藉。

今天，越来越多的女人凭借才华、努力在工作中与男人同台竞技，赢得了一席之地，也得到了社会的尊重。正如美国惠普公司前首席执行官兼总裁卡莉·菲奥里娜所说："当你做事业的时候，不要把自己当作一个女人，我从来不按着'男人应该做这个，女人应该做那个'的方式来思考问题。"

随着年纪渐长，婚姻的机会就会变少，单身女子在事业有成之后希望从婚姻中得到情感寄托、家庭的福利。这时候，事业和婚姻也许会出现一个交点，如果能够适当降低对婚姻的条件，放弃对爱情不切实际的想象，就依旧有机会走入婚姻的殿堂。

经济学解读

一项统计数据显示，目前全世界女性创业人数已经占到创业者总数的30%，甚至在某些领域所占的比例更大。在美国，有80%的女性在为自己打工。在以男性为主导的社会里，越来越多的女性开始为自己而活，开创出自己的事业。

单身女性在年轻的时候将时间和精力投放到了工作、事业中，推迟了结婚的年龄。一旦她们事业有成，充分展示出自身的魅力、经济地位，寻找另一半也更加有利。

‹‹‹

事业有成才是最好的保障——道德风险

> 对于具有一定货币价值的货物的支配权，而能用于任何目的者，常称为"自由"或"流动"资本。

对每个人来说，事业是一生的立足根本。它不仅是生存的需要，也是实现自我价值的体现。

在情感的世界里，双方无法保证会天长地久，当缘分走向尽头的时候，如果你有一番事业或者在工作中有所建树，你就有果断分手的底气。一段浓烈的感情破裂之后，即便心理上的伤痕再深，时间也会抚平它。反之，如果一个人没有立足之地，缺少相应的财力，就很难在短时间内建立自信，重新找回自我。

为什么曾经海誓山盟，转瞬之间却形同陌路？因为人是多变的。即便对方信誓旦旦说爱你一辈子，但这只是某个时刻的情感表达，未来会怎么变谁也不敢保证。信守诺言是一件困难的事。

早在20世纪80年代，西方经济学家就提出了一个经济哲学范畴的概念——道德风险。它的主要内涵是"从事经济活动的人在最大限度地增进自身效用的同时，会做出不利于他人的行动"。换句话说，订立合约的一方不完全承担风险后果，会为了实现自身效用最大化而做出自私的举动。显然，另一方要承受这种行为带来的负面影响，甚至是某些伤害。

具体到一段恋情中，你无法保证对方会在某个时刻背信弃义，在感情上承受巨大伤痛。你唯一能做的是，永远提升自己的含金量，在工作、事业上拓展发展空间，保证一段感情结束后具备抗击打能力。换句话说，事业是最好的保障，它能使你获取更多物质财富，在事业上不断精进，能极大地降低情感中的道德风险。

宋珂在一家公司担任销售经理，虽然过了30岁，但是他仍然没有结婚。上个月，公司招聘了8个销售员，其中一个名叫李丹的女孩引起了宋珂的注意。

李丹个性开朗，说话极有分寸，入职以后很快适应岗位要求，表现非常出色。宋珂与她有过几次接触之后，认定这个女孩就是自己一生的伴侣，于是对其展开了疯狂的追求。然而深入了解之后，宋珂才知道李丹是一个只有24岁的单亲妈妈；虽然有些吃惊，但是这丝毫没有影响对她的感情。

当然，李丹也非常喜欢宋珂，看到对方执着的样子且条件优越，她动心了。就这样，两个人走到了一起。不久，宋珂因为工作失误给公司造成重大损失，被解除了销售经理的职位，收入锐减。一开始，他毫不气馁，寻找新的职位。但是，他屡屡碰壁。

祸不单行，李丹对宋珂的感情开始产生微妙的变化。她开始频繁加班，工作越来越忙，业绩不俗。两个人的收入发生了逆转，李丹在心态上与以前不一样了，甚至有些看不起宋珂。最终，矛盾激化，婚姻破裂。

在财富自由、恋爱自由的时代，人们享受着自由选择的快乐，也要承受在财富、情感上遭遇挫折的打击。风险无所不在，许多男女因为惧怕道德风险有些不敢爱了，或者爱得不彻底了。为了提升爱的能力，增加赢得爱的筹码，越来越多的人更专注于在工作中有所建树，在事业上层层跃进。

面对婚外恋、离婚率居高不下的尴尬场面，如果眼前的一段感情无法令人勇往直前，那么当事人更倾向于将个人的时间、精力投放在工作或事业上，抓住这些实实在在的东西。

◎有事业支撑才有保障

新时期单身潮的出现，与当今女性财务自由、精神独立趋势日益扩大有重要关系。当人们实现了经济独立，他们就拥有了自主选择婚恋对象的实力，不会在情感上将就。那些有事业支撑的人有更高的择偶标准，即便到了结婚年龄也不会匆匆步入婚姻的殿堂；而有的已婚人士一旦发生情感破裂，也有底气选择分手，再次主动单身。

◎物质基础影响单身状况

物质决定意识，也左右人的情感与心理。男女双方走到一起，离不开必要的物质支撑以及职业声望等外在的东西。经验表明，一个有自信和人生目标的伴侣，更值得期待和信赖，对自己也有正面的激励和推动作用。起码，对方不会成为一种负担，让美好的情感生活黯然失色。

因此，在一段感情中不丧失自我，持续获取骄人的业绩，更能降低对方选择与你在一起的风险。那些无法获得稳定情感的人，往往在工作或事业上也飘忽不定，在经济上缺乏持续稳定的保障，二者是互相影响的。

经济学解读

通常，道德风险是由信息不对称问题引起的。你永远不知道对方会在什么时刻结束这份感情。那些缺乏自我成长能力与事业拓展空间的人，等于把自己的命运押在别人身上，把自己的人生拴在了他人的战车上，埋藏着巨大的危机。

无论已婚还是单身，都是一种人生状态。掌握人生主动权的秘诀是在事业上有所建树，进而具备独立的人格和财务基础。如果做到这一点，你就能在对方心目中显现出独特的魅力，无惧分手或单身。

选择了事业的单身女子——沉没成本

> 一项资产的价值，总是它未来收入的折现，而过去投入的成本是沉没成本，不论大小都不影响资产的现值。

那些把事业放在人生第一位的单身女子，倾其所有提升个人专业能力，让自己变得更加优秀。与之对应，她们选择恋爱或结婚对象时，要求对方必须更加出众，这在无形中淘汰了一大批候选人。

显然，让一个事业有成的女人降低择偶标准，像刚毕业的女孩那样找一个人结婚，是很难做到的。对她们来说，这些年在事业上投入了太多的时间、金钱、精力等，如果降低择偶标准，对职场上的成功选择性忽略，则她们内心深处是不能接受的。

在经济学上，上述这些已经发生不可收回的支出被称为"沉没成本"。具体来说，它是指由于过去的决策已经发生了，而不能由现在或将来的任何决策改变的成本。显然，人们在进行选择的时候，不仅会着眼于当下的一切，还会审视自己过去的投入以及未来的预期回报。如果过去的投入在决策中没有体现出来，那么就产生了"沉没成本"，这对个人而言是一种损失。

兰妮出生于一个富有之家，父亲是一家广告公司的经营者。为了摆脱家庭的光环，争强好胜的兰妮从大学时期就投身建筑设计专业，毕业后在一家大型建筑公司任职，一度成为公司的设计总监。随后，她独立创业，成立了一家建筑设计工作室，迅速接到了大量订单。

多年忙于学业和事业，兰妮在个人感情问题上一直没有进展。在公司里，她平时戴着一副黑框眼镜，穿着整齐的职业装，说话富有逻辑性，并且言辞犀利，绝不拖泥带水。员工对这个领导既敬重，又畏惧。

虽然在外界看来，兰妮有点不食人间烟火，但是她是个内心柔弱的女人，渴望有人呵护，并在一段忙碌之后感觉到孤独。兰妮意识到自己需要一段恋情，步入婚姻的殿堂。

随后，她拨通了同学的电话，联系到久未谋面的好友，透露出请对方给自己介绍男友的意思。在3个月的时间里，兰妮像走马灯一样约见了多个男子，但是没有人符合要求。哪里出了问题呢？与朋友沟通之后，对方让她降低标准，这显然非常困难。

有人认为，家庭才是女性的主战场，只要将家庭照顾好，女性就完成了使命。然而这种观点在今天越来越没有市场了，更多优秀女性在职场上大展拳脚，丝毫不比男性逊色。选择事业的单身女子推迟了结婚年龄，是成长的代价，也是社会转型时期的成本付出。

◎沉没成本让婚姻选择变得更加艰难

投资一个项目，最终需要投入1000万元；但是投入500万元之后，你开始怀疑这个项目存在风险，此时如果选择放弃就会损失已经投入的500万元，这部分"沉没"的资金就是"沉没成本"。

一个女孩子在大学里爱上一个人，刚毕业的时候可以追随他到天涯海角。因为那时候一切都没有开始，生活可塑性强，其实就是沉没成本低。3年以后，如果这个女孩在上海立足，并在工作中被委以重任，那么再让她跟随男友到一个小城市结婚、发展，就变得困难。

显然，每个人都会权衡利弊，精确地计算个人得失。参考自己的年龄、城市前景、职业方向等因素，当事人会认真分析各种选择带来的结果，并优先选择对自己最有利的那个方案。单身女子可以马上开始一段恋情，但是需要她放弃收入不菲的工作，她确实需要仔细考量一番。除非她能在另一个投资——婚姻市场上获得更好的回报，也就是能收回在事业上的投资，否则她不会放弃当下的一切。

◎把沉没成本变成竞争优势

天下没有免费的午餐，人际关系的基础是利益、实力的权衡。无论友情，还是爱情，大多以经济基础或事业基础作为支撑，并且离不开实实在在的物质利益。

一个女人在事业上打拼多年并有所成就，已经让自己变得足够优秀，她对未来的男友或丈夫提出更高的标准，自然是情理之中的事情。那些优秀女人暂时单身，没有遇到合适的恋爱对象，只是过渡时期的状况。只要扩大社交圈，这些人就一定可以觅得意中人。

"沉没成本"可以解释优秀女子为何会成为单身人士，但这并不意味着她们会永远保持单身，甚至孤独终老。把沉没成本变成竞争优势，优秀的职场女性更容易在婚姻市场上胜出，优胜劣汰的规则不会失灵。

在当代社会，团队和个人的地位并不取决于道德的权威与影响力，而是取决于自身的经济实力、专业水准。一个男人有豪宅名车，身价不菲，他的身价就会令人艳羡，不会缺少爱慕者与追求者。同理，一个女人在岗位上小有成就，或者成为高净值人士，那么她选择更好的男子也会变得非常容易。对那些普通女子来说，与优秀男人牵手本身就是一件困难的事情。

经济学解读

沉没成本是一种历史成本，对现有决策而言是不可控成本，会在很大程度上影响人们的行为方式与决策。从这个意义上说，在投资决策时应排除沉没成本的干扰。

在商业世界中，理性的人每次做出决策都不是冲动而为。通常，他们在决定是否去做一件事的时候，不仅看这件事对自己有没有好处，还看重过去在这件事上的投入。如果收益小于付出，也就是产生了"沉没成本"，他们会变得非常谨慎，绝不会贸然行动。那些优秀女子选择单身，就是不肯向"沉没成本"妥协。

单身女子事业越强，越希望有完美的感情，从而得到补偿。但是，优秀男士在婚姻市场上也是稀缺的，如果单身女子不能扩大交际范围，或者适当降低选择标准，就要有继续单身的心理准备。

爱情不是男人的避难所——买方垄断

> 垄断者，通过经常保持市场存货的不足，以远远高于正常的价格出售他们的产品，从而无论在工资还是在利润方面都提高他们的报酬。

在两性关系中，女性更注重感情，男性更理智。但是，也有一些男性把爱情看得过于重要，而影响到理性判断，让自己限于被动局面。

显然，如果一个男人对某一个女人过于痴情，就失去了一切议价能力，而女方具有了垄断性，可以说一不二。在这场博弈中，女方可以轻易实现利益最大化，而男方只有束手就擒。一旦女方对男方不感冒，或者主动选择从感情中撤退，那么男方就失去了一切，从而成为孤家寡人。

在经济学上，买方垄断指只有一个买者而卖者很多的市场类型。买者具有了垄断性，势必为了实现个人利益最大化而挤压卖方的利润，让后者丧失主动权。对男人来说，如果把一份感情看得至高无上，而忽视了在事业上有所建树，那么他最终可能会失去吸引力，无法摆脱买方垄断的制约，最后走向被动。

过于痴情的男人无法掌控全局，因此在情感的世界里屡战屡败，其中一些人无法走入婚姻也就不奇怪了。更有甚者，有些男人一段感情失败之后就不再接受新的感情，将以往的爱情当作唯一，这导致他们无法步入婚姻的殿堂。

◎**男人不做感情的奴隶，要做事业的主人**

每个人都有七情六欲，感情是人类特质的一种思维，它既浅薄又深厚，既纯真又费解。它像一只无形的手，不时地左右着人们处理各种事情。但是，一个真正理智的男人不会轻易被感情控制，不会在男女感情问题上钻牛角尖。

明朝末年，陈圆圆身为"秦淮八艳"之一，被各地名士争相攀求。国舅周奎把她献给了崇祯皇帝，但是没有得到宠幸。后来，陈圆圆被吴三桂纳为妾。不久，李自成兵临城下，京城危在旦夕。随后，崇祯封驻守山海关的吴三桂为平西伯，命令他入关抗击李自成。

然而，吴三桂在中途听到了崇祯自缢身亡的消息，而且爱妾陈圆圆也被抢走了，不禁勃然大怒。他说："男子汉大丈夫连心爱的人都不能保全，有什么面目见人呢！"随后，他挥师返回山海关，投降了正在进击中原的清军。

吴三桂"冲冠一怒为红颜"，这份痴情或许令人称道，但是他在建功立业方面却留下了骂名。从个人损益方面权衡，他终究不是一个赢家。生活中，许多男人身上也有吴三桂这种特质，将感情看得太重，忽视了在个人事业上有所成就，最后反而无法保全那份感情。

感情用事者多是感情不成熟的人。也许有人会说："感情也会成熟吗？"是的，人的感情也像果实一样，需要一个成熟的过程。感情成熟的男人相应就很有理智，能够控制自己的感情，而绝不会感情用事。在两性关系上，成熟睿智的男人不做感情的奴隶，而是努力做事业的主人，最大限度地避免了陷入买方垄断的旋涡。

被动陷入单身境地的人，在很大程度上是过于注重感情的人，甚至将爱情当作人生的避难所，希望从这里得到慰藉。但是，在现实的世界中，一个人如果失去了谈判和议价能力，就不可能在情感上有所收获。因为当你进入买方垄断的市场时，一开始就贬值了，如果完全依赖女方垂青，显然就丧失了主动权。

◎对女人的爱，请保留三分

在《为人准则》里，萧伯纳说过："对爱情，赫克托，你尽管浪漫个够；可是对金钱，你却浪漫不得。"在讲究规则的商业世界里，美女是一种稀缺资源，浪漫的基础是货币支付能力。

人们常说，英雄难过美人关。男人面对美女失去理性，再正常不过了。但是，如果一头扎进一厢情愿的幻想中去，那就略显幼稚了。获取稀缺资源，需要支付高昂的费用，这有赖于事业成功带来的财富效应。睿智的男人不会痴迷于遥不可及的情感关系，也不会让它左右自己的心智与事业发展。

面对无情又充满风险的市场，成熟的男人不会把个人情感掺杂到事业发展中，更不会以个人好恶、感情倾向来左右自己的经营活动。人们都说"温柔乡是英雄冢"，男人对女人的爱要保持在七分，保留三分。唯有如此，男人才能在处理各种事务时更加淡定从容。

对男人来说，爱情伴着激情共生，却与现实同死。美好的理想和良好的期望，不能代替残酷的社会现实，爱一个女人更要爱自己的事业，事业是男人的主心骨，是一个人的价值所在。

请牢记，男人品德的高尚和善良对虚幻多变的婚姻来讲是脆弱的，也是无助的。尤其是在感情这个买方市场上，一个男人的乞求、眼泪与美好的婚姻生活是毫不相干的，这也是他们无法摆脱单身的重要原因。事业上的成功才能让男人赢得话语权和议价能力。

经济学解读

事业不是感情，感情也代替不了事业。男人的本性是追求成功，绝不要把个人感情掺杂到事业、生意中，更不要让个人感情左右你的经营活动，这是一个男人成功的主要法则之一。

男人不可避免会陷入一段感情中，如果不想被拒绝，就要在买方垄断市场中增强议价能力——在事业上有所建树。一个男人应该在事业有成的前提下讲感情，并且讲感情不能影响事业发展与个人成功。那些把爱情当作避难所的人，因为在事业上乏善可陈，反而会在感情上败得很惨。

◀◀◀

第三章
非价格竞争：单身男女是这样炼成的

许多人购买一件商品，首先看价格，但是决定是否购买的因素绝不限于价格。婚姻以感情为基础，然而现实世界的男女关系也受财富、父母、年龄等因素的影响。单身男女的出现，非价格竞争也是一个重要的因素。

当穷小子爱上拜金女——资源禀赋

> 收入的差别最主要是由拥有财富的多寡造成的。和财产差别相比，工资和个人能力的差别是微不足道的。

社会上存在一种女人，她们盲目崇拜金钱，将其看作最高价值。无论做任何事情，她们认为一切都要服从于金钱，因此被称为"拜金女"。与拜金女对应，有一种男人工资不高、家庭出身不高、社会地位不高，没有优厚的物质生活条件，他们被称为"穷小子"。

拜金女追求物质，穷小子没有优渥的条件，本应没有交集的两类人，如果错误地走到了一起，就注定不会有预期的好结果。

如果运用经济学理论分析现代社会出现的这类现象——穷小子爱上拜金女，不难发现其实质上违反了资源禀赋理论：发挥自身优势，扬长避短，进行投资，并使效益最大化。

穷小子与生俱来的标签就是"穷"，这意味着他们在金钱或物质上很贫瘠。这个标签突出了穷小子的劣势，如果他们与拜金女走到一起，那么自身的劣势将会展现得淋漓尽致。

即便穷小子有积极上进的心态，有办事能力，踏实工作，在一定时期内他们拥有的资源也不足以满足拜金女的需求——对生活、物质的高品质追求，不能给予她们虚荣心的满足。

而穷小子自身的优点——踏实、肯干等，在拜金女面前一无是处。所以，穷小子爱上拜金女是一次不会产生收益的投资。显然，他们只有将自身的优势投资到懂得欣赏的对象（即不看重物质，而是注重人品等方面）身上，才能发挥其资源禀赋。

在现实生活中，的确有对拜金女充满幻想的穷小子追求梦想中的爱情，他们天真地以为真心地付出就能得到相应的回报，然而大多事与愿违。

张恒出生在一个贫困的农村家庭中，从小饱尝了生活的艰辛。这让他很早就养成了勤俭节约的习惯，在学习上也很努力刻苦。而齐萱也生活在农村，但是家庭条件相对殷实，从小就没有受过苦。

张恒和齐萱是高中同班同学，高考那年都考入了北京的大学。齐萱在高中时对张恒就有好感，考入大学后就向张恒表白了。张恒虽有顾虑，仍然欣喜地接受了这份感情，两人的恋情开始了。

四年的大学生活，张恒逐渐退却了农村傻小子的稚嫩，通过历练变得成熟稳重。通过勤工俭学，张恒负担了齐萱大部分生活费用，而这个女孩沉醉于大城市的华丽，慢慢成了一个拜金女。

齐萱的大学舍友都出生在经济条件优越的家庭，都有名包、名表，而这些名品的价格超出了普通人的想象。在这样的环境下，内心虚荣的齐萱越发看重金钱。起初，齐萱为了买一双品牌鞋花光了一个月的生活费，后来为买包透支了大额度的信用卡。一开始，张恒只是觉得齐萱花钱大手大脚，提醒她注意节俭。但是，后来齐萱越来越离谱，经常去夜总会、酒吧等娱乐场所，身边围绕着各种各样的男人。

为此，两个人发生了多次争吵。张恒多次向齐萱诉说自己对未来的规划，但是齐萱对脚踏实地的努力产生了质疑。虽然嘴上答应张恒踏踏实实地生活，但是私底下依然结交有钱的男人。

四年大学生活中，张恒拼命打工挣学费、生活费，甚至贴补齐萱。但是，内心物质欲膨胀的齐萱根本不满足。最终，张恒意识到两个人终究无法走到一起，于是忍痛分手。

在经济学上，"资源禀赋"是指一国拥有各种生产要素，包括劳动力、资本、土地、技术、管理等方面。资源禀赋的差异，决定了一个国家经济发展的模式、竞争优势；对个人来说，男女双方的价值观、生活理念决定了他们在一段恋情或婚姻中的匹配度。如果这方面差异过大，或者不匹配，那么双方注定无法继续下去。

推而广之，如果一个人物质匮乏、性格不合群，在资源禀赋上无法赢得异性的青睐，那么他就无法告别单身，开始一段恋情或走进婚姻。对于拜金女，生活中多数男人是会被吓退的，这是为什么呢？

◎拜金女不是结婚的对象

多数拜金女具有较好的气质、外貌，这是她们的资本和优势。漂亮的女人更容易让男人心动，但是与她们谈恋爱需要具备雄厚的物质基础。有的男人极力满足这类女人的物质需求，却并不把她们当作结婚的对象，一旦厌倦就选择放手，这对渴望找到归宿的女性来说是一个危险的信号。

◎金钱、物质的付出等于增加投资风险

拜金女会吓退爱她们的男人，因为出于对成本投入的考量，投资如果没有回报，不如规避风险。对于这一点，任何男人都不会忽视。所以，考虑到自身的经济实力，理性的男人会从经济学的角度审视这份恋情。

◎把时间和金钱投资于最懂自己的女人

男人寻找另一半，可以看作一次投资。好的投资会产生巨额的回报，而差的投资将会本利无收。聪明的男生会选择一个适合自己的人，而不是过分追求女孩的容貌或者其他外在的东西。恋爱是一个付出金钱、时间、精力的过程，这种投入成本高昂，因此聪明的男人会谨慎选择投资对象，一旦付出就义无反顾。

经济学解读

"人穷志不穷"，穷小子通过踏实学习、努力工作可以改变现状。充分发挥资源禀赋，让自己变得更有价值，无论对个人成长，还是对恋爱结婚，都大有裨益。

有的人是主动单身，享受个人自由的惬意。有的人是被动单身，因为资源禀赋处于劣势而无法找到恋爱或结婚的对象。对于后者，努力发现自己的价值所在，并让其不断增值才是最应该做的事。

迟婚的男士：没面包就要挨饿——销售费用

假定气候没有变化，则平均结婚年龄主要是看年轻人能够自立和按照他们的朋友与相识的人之中所通行的舒适标准以维持家庭的难易而定，所以，平均结婚年龄对于不同的人也就不同了。

随着现代社会的发展，人们的婚姻价值观不断发生转变，男女结婚的年龄普遍推迟，更衍生出新一代的大龄单身男女。抛开大龄女性不谈，大龄男士未婚人群也日益成为社会热点话题。

大龄未婚男士，换一个词语表达就是"迟婚男士"，他们因为种种原因将婚姻推迟。除非他们想独身，否则最重要的目标还是找一个合适的伴侣进入婚姻的围城。

运用经济学概念分析迟婚男士这一特殊群体，可以引入"销售费用"这一概念。仔细分析不难发现，迟婚男士的最终归宿是结婚，"迟"意味着需要经过一段时间，延长不婚的时间。一位未婚男士（或者说迟婚男士）走入婚姻、找到合适的配偶，其实是将自身作为商品推销出去的过程。

在这个推销的过程中，说服潜在消费者将其认购是销售成功的标志。商品推销的过程是一个不断消耗费用（衣、食、住、行等费用消耗）的过程，在这里所产生的费用就是销售费用。换句话说，迟婚男士的物质基础就是其展示自身形象、保持销售顺畅的必要条件。

为什么说物质基础是迟婚男士成功被销售（找到合适的另一半）的关键？这是因为随着社会生产力的发展，人们的生活水平不断提高，从改革开放前解决温饱问题，到现在追求高品质的生活，时代在不断发生变化。与之对应，人们的婚姻观随着时代的发展也变得越来越现实——爱情仍旧美好，但是变得越来越不纯粹。婚恋中考虑的因素越来越多，物质条件作为其中一个重要因素，日益被单身女士看重。在其他条件确定的前提下，单身女士更青睐于具有一定物质基础的男士。

其实，在婚姻中考虑物质的、经济的因素，是很正常的事情。婚姻必须以爱情为基础，但不能只有爱情，还需要有一定的物质条件作为婚姻的支撑点。

那么，又是什么造成了迟婚男士的出现呢？其实，这与物质条件的考量有关。

单身女士已经成为当今社会热门的话题，其实大龄未婚女性越来越多的同时，大龄未婚男性也是如此，并且数量更多。一个突出的现象是单身女士主要集中在城市，而单身男士却是城市和农村各形成一个群体。

单身女士具有高学历、高收入、高智商，长相也无可挑剔，但因择偶要求比较高，导致在婚姻上得不到理想归宿。而单身男士的情况一般有两种：一种是物质条件优越的男性，择偶条件相对苛刻，从而让自己剩下来；另一种情况就是物质条件比较差的男性，择偶方面相对困难。虽然他们的择偶条件一点都不苛刻，但是由于自身各方面条件比较差，所以在竞争中没有优势。

有一种观点认为，当今社会是"田忌赛马"式的择偶搭配方式。A女和C男剩下的比例一定是最高的，偏偏A女和C男还互相接受不了对方，随着时间的流逝，恐怕其中很多人只能无奈面对婚姻遥遥无期的现实了。

一方面，迟婚男士的出现，在一定程度上是社会发展的产物。随着物质生活水平提高，人们对精神世界的追求也越来越高。另一方面，迟婚男士的存在有合理的成分，但是如果供应太多，那么对这个社会的健康发展必然不利。

经济学解读

迟婚男士的脱单过程，好比经济学上的产品销售，产品推广所消耗的费用（即销售费用）是产品销售必要的开支（有利于产品的销售）。相对于迟婚男士，优厚的物质条件，即生活（衣、食、住、行）的优厚支出，更能展示迟婚男士的魅力，更有利于迟婚男士找到合适的配偶。

任何经济现象或多或少与物质条件有关，迟婚男士实质上是社会生产力发展到一定阶段的产物。运用经济学原理解释这一现象，可以说是供过于求，即供应量大于需求量，造成资源的不均衡产生。

大龄单身女：追求爱情也看重物质——风险厌恶者

> 赚钱的欲望本身并不一定是出于低等的动机，即使赚来的钱是用在自己身上的时候，也是如此。金钱是达到目的的一种手段，如果目的是高尚的，则对这种手段的欲望也不是卑鄙的。

大龄单身女对待爱情或婚姻完全保持一种理性思维。有人分析，这群人难嫁的一个重要心理因素是：既要爱情也要物质。也就是说，物质基础是考虑婚姻的前提。

从经济学的角度分析这一心理，显然是非常合理的。从某种意义上说，大龄单身女都是风险的厌恶者，即喜欢结果比较确定的投资，而不喜欢结果不那么确定的投资。

选择一个男人好比一次投资，投资就意味着具有风险或者说有不确定性。在这种不确定性的未来预期中，带给人更多的是一种恐惧或者说畏惧，造成的结果就是通过理性的分析选择风险小的进行投资。也就是说，大龄单身女更倾向于选择有物质基础的男性，这种投资的结果是确定的。

　　林丽是一个30多岁的北京大龄单身女，深深地陷入了失恋与大龄未嫁的痛苦当中。一方面，失恋的那个心结还没有完全打开，虽然被男朋友抛弃，但还留恋对方；另一方面，已经年过30还未结婚成家，难免让人变得焦虑。

　　与男友相识发生在去年10月，当时林丽30岁，男友34岁。两个人一见钟情。男友在高校做科研，工作很辛苦，但是比较稳定。对方家境不算好，而且父母的年龄都很大，需要人照顾。作为家里唯一的孩子，男友的家庭负担较重。

　　起初，林丽考虑过男友的情况，一开始有些犹豫。但是，由于自己年龄也大了，更重要的是比较喜欢对方，所以她选择开始这段恋情。

　　随着关系发展，一开始的各种甜蜜越来越被生活中的琐事充斥，生活越来越趋于平淡。男友提出分手的导火索是房子，其实在谈恋爱的过程中林丽就谈过房子的问题，并且希望两家一起出资买房。男友一开始同意了，后来有些犹豫。林丽认为，结婚应该共同承担建立一个家庭的责任，而且北京房价一直在涨，买房越早越好。

　　其间，男友提出了几种不同方案，比如能不能缓一缓，或买远郊的房子，林丽都没同意。两个人的交流越来越糟糕，后来男友打来电话，说房子的事如果谈不拢就做个了断。林丽当时很吃惊，以为对方在说气话。显然，男友压力很大，一面是年迈的父母要养老，一面是自己根本就没有那么多钱买房。

　　几次交涉下来，男友提出分手，这时林丽才意识到问题的严重性。她尽力挽留这段感情，不再把买房作为结婚的必要条件。可是，男友认为之前"哀求"林丽慎重考虑房子的事情，她都坚持自己的想法，对这段感情越来越没信心了。

林丽想不通，为何对方会为房子提出分手。如果真不想买，可以好好商量啊！虽然渴望有自己的房子，但是林丽意识到自己年纪大了，再不结婚，生孩子都成问题了。而且，自己很中意男友，并不想放下这段感情。尽管她表达了不买房也可以结婚的意愿，但是男友坚决不同意和好。在这个没有安全感的社会中，可能男人面临的生存压力更大。

分手后，周围的朋友都劝林丽，说男友脾气不好，不必留恋。林丽也理智地说服自己，不必为了讨好对方放低姿态；同时，又担心自己年纪大了，找到一个喜欢的人变得更加不容易。事已至此，她只有在焦虑中等待下一场恋情到来。

物质不是大龄单身女考虑的唯一因素，但在多数情况下是必须考虑的一个重要因素。"房子"虽然只是居住的地方，但是对女人来说代表着"家"。女人更渴望稳定的生活，房子是一种稳定的心理寄托，也是大龄单身女步入婚姻的台阶。

大龄单身女对稳定生活的追求，超乎正常适婚的女人，这是因为她们的生活长期处于不稳定的状态的缘故。这也造就了她们特殊的心理倾向——既要爱情也要物质。

那么，大龄单身女如何摆脱难嫁的瓶颈呢？显然，最重要的是调整自己的心态。然而，那些物质条件好的男性大部分都结婚了，剩下没结婚的单身男人要么更挑剔，要么结不起。对于前者，大龄单身女并无被选中的优势；对于后者，大龄单身女变得高不可攀。于是，她们注定无法顺利走进婚姻，一再推迟婚龄。

经济学解读

当面对具有相同预期货币价值的投机时，风险厌恶者喜欢结果比较确定的投机，而不喜欢结果不那么确定的投机。

千万不要忽视心理因素对一个人行为选择的重要性。大龄单身女认为物质与爱情同等重要，这是一种追求稳定、厌恶风险的心理倾向。同时，这也让她们难以摆脱难嫁的瓶颈。

投资心态错位才不肯出手——规模收益递减

> "利息"这个名词代替了"高利贷",符合贷款性质的一般变化,这种变化使我们对于商品的生产费用可以分为各种不同因素的分析和分类有了全新的主题。

西方流传着这样一个故事:

古希腊哲学家柏拉图问老师苏格拉底:"爱情到底是什么?"苏格拉底叫他到麦田走一趟,并且不能回头,目标是在途中摘一株最大最好的麦穗,但只能摘一次。柏拉图觉得很容易,于是充满信心地去了。过了好久,他两手空空地回来了,垂头丧气地对老师说:"看见一株不错的麦穗,却不知是不是最好的,因为只能摘一次,只好放弃;再看看有没有更好的,走到尽头时才发觉手上一株麦穗也没有。"苏格拉底说:"这就是爱情。"

然后,柏拉图又问老师:"什么是婚姻?"苏格拉底让他再到麦田走一趟,并且遵守同样的规则。过了一会儿,柏拉图带回来一株算不上很好,也不算太差的麦穗。老师问:"怎么选择了这样一株普普通通的麦穗？"柏拉图说："有了上次的经验，当我走到一半路程还两手空空时，看到这株麦穗还不算太差，便摘了下来，避免最后什么都带不回来。"苏格拉底说："这就是婚姻。"

这是一个富有哲理的小故事，在麦田找寻最好的麦穗，就如同寻找爱情的经历，对美好有所期待，最终不知如何下手，两手空空而回。然而人们在寻找婚姻时，内心却有特定的预期，因为端正了心态，所以能抓住身边合适的人，尽管这不是最好的。

这个故事充分体现了经济学中的规模收益递减原理，即投入的数量虽然大幅增加，却得不到相应的回报，而是规模收益递减。对爱情、婚姻期待过高，这不是一件好事，这一原理不仅适用于大龄单身男女，对已婚人士也同样适用。

赵涛是一个典型的极品单身男，他对生活、爱情、婚姻都充满了不切实际的幻想。以婚姻为例，他把婚姻生活看得过于神圣，过于复杂，对婚后生活的美好期待过高。

他认为，有些人在缺乏足够思想准备的情况下就匆忙走入婚姻的殿堂，婚后又不善于调适，夫妻双方的关系不断恶化，最终草率离婚，这是对婚姻的不负责。只有准备好了才能谈婚姻，而这种准备不是物质的准备、金钱的准备，而是理论的准备。

他还认为，像自己这样的理工男，应该拿出工作的严谨、科学的精神和作风，去钻研有关婚姻家庭的书籍，比如弗洛伊德的《爱情心理学》、霭理士的《性心理学》。

　　赵涛俨然就是一个婚姻家庭专家，理论上头头是道，甚至对婚后夫妻间怎么做到相互体谅都有精辟的见解。有人问："你的婚姻很幸福吧？"他只是默默回答："夫妻相处是一门很深的艺术，我虽然读过这方面的书，但是还没有结婚，因为我还没准备好。"

　　然而，理论与实际相差十万八千里，赵涛在爱情和婚姻的美好期待中始终迈不出第一步，逐渐成了大龄单身男。

　　其实，像赵涛这样充满幻想的男性，大多是知识型男，他们把恋爱关系中的自然属性看得比较淡而着重追求爱情的精神性，追求双方的精神和谐，并认为这是一种更高层次的追求。但是，这种想法未免过于迂腐。爱情与婚姻和谐需要用理论作为指导，但是理论本身就是一种实践，只有通过实践才能验证理论是否正确，才能丰富认识、积累经验，创造和谐的恋爱关系与婚姻生活。

　　那么，如何避免爱情、婚姻经营中的规模收益递减呢？其实，寻找爱情、婚姻是有成本的，而且成本会随着时间上升，但潜在回报会递减。假设我们圈定自己可挑选伴侣的范围，即潜在的可选伴侣范围的价值介于60～90分，经过一轮努力后，剩下了60分、70分和80分三个选择。随着时间的延长，可选择的范围越来越小。

　　对女性来说，这种递减规律更加明显，尤其是大龄单身女。女人最重要的资产是外貌，显然这是一项随年月贬值的资产。尽管现在的医学美容昌盛，女性借助高科技手段可以让自己变得更漂亮，但是身体随着年龄贬值是不可逆的规律，这就是付出的时间成本。相较于年轻漂亮的女性，大龄单身女选择的机会越来越小。

时间成本更多的是外部意义，如果想真正改善爱情、婚姻中的规模收益递减，最重要的是改变对待爱情、婚姻的态度，也就是心态。

"最好的尚未来临""他/她应该……""他/她必须是完美的"，对爱情、婚姻当然可以有美好的期待，但是它应该是"合理期望"。比如说，高中毕业生应该不会奢望一出来工作就能年薪过百万；而高考分数不过本科录取线的同学，大概也不会期待会被清华、北大破格录取。

这就是为什么柏拉图第一次到麦田会空手而归，因为他把"爱情"二字看得过于伟大，出现了不切实际的幻想。也可以说，他投资的心态错位，导致迟迟不肯出手，最终一无所获或收益很低。所以，经营爱情、婚姻需要摆正心态。

经济学解读

在经济学上，如果所有投入品的数量都以相同的百分数增加，并导致产量增加的百分数小于该百分数，就是规模收益递减。

对于爱情、婚姻，每个人都会有相应的期望，但是这种期望需要保持在一定水平线上，因为过高的期望只是一种奢求，是一种错位的心态。期望过高不会带来情感投资的预期收益，相反会产生负面效应，让自己限于被动局面。

<<<

婚恋进程受家庭的影响——捆绑销售

家庭情感的作用是相当有规律的；经济学家总是充分考虑这种作用，尤其是关于家庭收入在家人之间的分配，为孩子们准备将来事业的费用，以及积累他所赚来的财富留作身后之用等问题。

"婚姻要慎重，结婚不是恋爱，不只是两个人的事，更是两个家庭的结合"。如果用经济学理论理解这句话，则可以引入"捆绑销售"这一概念。

顾名思义，"捆绑销售"是指购买一种商品，还附加购买另一种商品。婚姻亦是如此，两个人结合在一起，各自的家庭也结合在了一起，"你家，我家，我们家"，这实质上是三个家庭。

对每个年轻人来说，原生家庭的影响是巨大的，也深刻影响到一个人的恋爱、结婚。有的单身男女迟迟不能走入婚姻，背后很大程度上受到了家庭的影响。

叶之萍已经结婚3年了，其间的种种经历让她体会到，婚姻是两个家庭的结合而绝对不是简单的两个人相加。

和老公自由恋爱的时候，叶之萍知道未来的公公、婆婆并不是特别好相处的人，家庭条件也一般。但是，被爱情冲昏头脑的她，毅然选择了结婚。然而，时过境迁，等到一切矛盾尽显，她追悔莫及。

结婚的时候，无房无车，对方的父母没有出钱，因为手头没有多余的钱拿出来，所以，新婚生活就从出租屋开始了。两个人一直为生活打拼，起初老公对她呵护有加。

然而好景不长，自从孩子出生后，各种问题随之而来，各种家庭矛盾也开始显现。

一开始伺候月子，叶之萍本想让母亲过来帮忙，可是婆婆坚持亲自来。结果不到一个星期，婆婆就推脱身体不舒服回家了。不得已，叶之萍又让母亲过来帮忙。她一肚子委屈，难免抱怨几句。

孩子一周岁的时候，家庭收入本来就不高，叶之萍想去上班，于是跟老公商量把孩子交给爷爷奶奶照顾。然而，老公把这个想法说出来的时候，却遭到了婆婆的反对。最后，老公灰头土脸地跟叶之萍说："还是你照顾吧，我母亲不太同意。"

无奈，叶之萍只能自己带孩子。时间久了，家庭生活开销越来越大，只靠老公一人的工资支撑家庭开支，明显感觉乏力。生活中，叶之萍省吃俭用，承受着带孩子的辛劳，老公早出晚归赚钱，回家后经常发脾气，双方感情逐渐冷淡了。不久，生活的宁静终于被琐事打破，两个人无休止地争吵，最后选择离婚。

叶之萍特别后悔，当时结婚之前没有慎重考虑。她说："现在的

'80后'，靠自己挣钱买房子很艰难，多数父母都会通情达理，尽自己最大的努力帮助孩子。但是，也有父母对孩子干涉过多，或者没有帮助孩子培养良好的心态，与这样的人一起生活，注定无法长久。"

许多时候，子女的婚恋进程无意中受父母的影响。一些人受家庭环境影响（父母无法和谐相处，家庭终日战争，恶语相向，甚至人身攻击，大打出手），从小就性格孤僻内向、忧郁，不相信婚姻，担心重蹈父母的覆辙。

此外，有些人从小就被父母教育，要听话，不能恋爱，要以学业为重，导致他们对恋爱产生一种犯错心理，进而排斥。还有一些从小过度依赖父母，生活不能自理，造成心理上从未断奶，不敢接触异性等。总之，单身男女的产生有多种原因，家庭因素的影响不容忽视。

今天，社会上还出现了一个非常有意思的现象——父母为儿女当"红娘"，这非常值得深思。父母在孩子的婚恋中应该扮演什么角色，关系到下一代的幸福。

看到孩子迟迟无法恋爱、结婚，许多父母行动起来，主动介绍对象，操持结婚事宜。因为儿女们忙于学习、工作，没时间谈恋爱，老爸老妈又存在危机意识，于是他们决定与其干着急，不如做点实际的事情——帮子女相亲，做儿女的"红娘"。

其实，选择和谁结婚是个人的事，但是婚姻经营常常涉及两个家庭。父母想左右子女的婚恋进程，已经成为处理家庭关系的常态。其实这折射出一种社会现象，即父母参与子女婚恋过深。有一部分人在父母的催促下匆匆走进婚姻殿堂，有的人对父母的干预更加反叛。

明智的父母不干涉子女的婚恋，不干涉他们与谁相处。但是，一旦子女选择结婚，他们就会全力以赴提供帮助，处理好日常生活中的各种问题。也许有人会说："明知道子女的选择不正确，还要纵容他们吗？我们都是为他们好。"其实，走过了路，才知道对与不对，每个人都有自己的活法，尊重子女的选择，就是充分尊重自我。

经济学解读

出售两种产品的厂商，要求客户购买其中的一种产品，也要购买另一种产品，这就是"捆绑销售"。对大多数独生子女来说，彼此结合也是两个家庭的融合，甚至双方父母生活在一起的情形也很常见。

恋爱是两个人的事，结婚是两个家庭的事。与谁恋爱，与谁结婚是个人的选择。明智的父母，不会干涉子女选择结婚对象，而会帮助他们经营婚后的生活——提供物质等方面的帮助。

高举"非诚勿扰"的大旗——垄断的无谓损失

一个人越是富有，货币的边际效用对他就越小；他的资产每有增加，他对任何一定的利益所愿付的价格就随之增加。同样的，他的资产每有减少，货币对他的边际效用就随之增大，他对任何利益所愿付的价格也就随之减少。

"你有房吗？""你有车吗？"物质似乎越来越成为婚姻对象选择的必要条件。其实，事实并非完全如此。"拜金女"这类群体在社会上确实存在，但是大多数女孩内心并不拜金，在感情和金钱的天平上，多多少少会往感情偏向一点。

一位作家说过这样一句话，"如果没有爱情，金钱也是好的"。大龄单身女长时间独自生活，面对爱情更多的是理性，但这并不代表她们不在乎感情。只不过感情充满了未知，而金钱是实实在在的，是现实的基础。所以，有些大龄单身女在选择对象时，在没有感情的基础上，更加看重对象的物质条件。于是，这就造成了一种社会现象，即有房一族对婚姻有主动的话语权，而无房一族迈入婚姻殿堂困难重重。

运用经济学理论来解释这一现象，那些失去结婚机会的人，属于垄断的无谓损失。当社会的发展趋势更加趋近于生活品质，更加注重个性化时、多元化时，那么以经济发展为支撑的物质基础就变得更加重要。对庞大的未婚群体来说，对物质条件的考虑也更加突出，一部分物质条件相对较差的人失去结婚的机会，这是社会发展造成的垄断的无谓损失。

林帆今年32岁，拥有硕士学历，目前就职于一家国企。虽然工作、收入稳定，但是他一直没有找到女朋友。岁数越来越大，母亲日益担忧儿子的婚姻问题。一次电视台举行相亲大会，林帆在母亲的劝说下来到了现场。

母亲不停地询问周围人的情况，林帆紧紧跟在旁边沉默不语，异常腼腆。有人问："你学历高，工作好，条件这么好，为什么至今还没有找到女朋友呢？"林帆说："上学时读的是理工科，男女比例是7:1，女生很少。上班以后，工作环境也是以男性为主，很难接触到同龄的异性，再加之自己性格内向，因此错失了许多机会。"

这时候，母亲在旁边插话说："其实之前我儿子也交往了几个女朋友，对方一听我们家的经济条件就打了退堂鼓。"这时，林帆觉得特别尴尬。

林帆是一个想法特别简单的男孩，在恋爱方面一直处于被动地位，从小到大一直都是乖乖男，听父母的话，听老师的话。工作以后，他试着谈过恋爱，但都不到3个月就分手了。他曾经问那些女孩分手的原因，女孩都说觉得不合适，具体原因也就没有深究下去。

后来，他渐渐意识到，分手的一个重要原因是经济条件差。

虽然生在北京，但是父母都是普通工人，一直租房住。母亲看着林帆一直找不到女朋友，很着急，没参加相亲大会之前曾托人给儿子介绍过好几个对象，但是对方一听说没有房子就没了下文。于是，老两口决定为儿子置办房子，他们把省吃俭用半辈子积攒的80万元交了首付款，给儿子买了一套小房子，日子过得紧紧巴巴的。

在这次相亲大会上，林帆的条件无疑算是好的，许多人留了他的联系方式。

物质条件不是婚姻选择的唯一因素，但是对相亲男女来说，却是一个直观的评价因素，这种直观是房子、车子、工作。而能力、人品等软性资本只有相处之后才能看出来，说得再好都具有主观性，并不直观。

陈默是一个大龄单身女孩，一年前朋友给她介绍了一个男朋友，比她大4岁，在高校做科研工作。两个人一见钟情，很快就走到了一起。

考虑到自己已经到了适婚年龄，陈默多次跟男友提到结婚买房的问题。她想在公司附近买，即使贵点也值得，两个人一起负担。但是，男友的态度一直很含糊。

男友虽然工作比较稳定，但是家境并不好，父母的年龄也比较大，生活负担比较重。在买房这件事上，他倾向于偏远的郊区。他多次暗示陈默，希望她能理解；但是，陈默每次都说房价一直在涨，买远了上班不方便。

时间久了，男友感觉两个人相处很累，并且觉得陈默很自我，不能理解自己的感受。最终，他提出了分手。

每个人在爱情、婚姻中都有自尊，都在寻找合适的相处方式。既然走到了一起，就要尽可能为对方考虑一些，避免生活在完全自我的状态之中。当物质条件欠缺的时候，两个人更要认真沟通，寻求最佳的方案。

任何事物都具有两面性，对经济条件的考虑是出于对未来生活的设计。很多时候，一个人出于对未来的担忧，过分看重当下的物质条件，会使自己裹足不前，把握不住当下，错失很多机会。所以，明智的人需要学会适当取舍。

经济学解读

爱情是以感情为基础的，但是经济发展让更多的人把物质放在了重要位置。对物质匮乏的人来说，赢得恋爱或婚姻变得十分困难。

社会发展促使人们更加注重生活品质，这是获取幸福的重要基础。一个人获取财富的能力离不开社会趋势、商业机遇，也与个人素质紧密相连。有时候，财富数量也是检验恋爱或结婚对象的重要参考指标。

最好的伴侣是自己——边际效应

一物对任何人的边际效用，随着他已有此物数量的每一次增加而递减。

所谓"伴侣"，是指陪伴你的人，可以是一起生活、工作或旅行的人，亦可以是爱人、夫妻。伴侣有两种：一种是现实生活中的伴侣，一种是精神的伴侣。

好的婚姻是什么？是两个人找到了可以相互依偎的另一半，相互可以理解，可以沟通。两个人是对方生活的伴侣，也是精神的伴侣。但是，这样的婚姻少之又少，因为真正懂得自己的人只有自己，真正心有灵犀的人很难遇到。

爱情总是能让人体会到幸福感，刚刚相恋的两个人，幸福感会慢慢升高，到达顶峰后会与日递减。这就是经济学中所说的"边际效应"，即消费每增加一个单位，就会出现效用递减的趋势。

恋爱初期是情侣之间的甜美期，精神的交流层面在这一时期体现最为明显。很多人在这一时期会认为找到了另一个自己。大多数人在这一时期并没有将真实的自我展现出来，更多的是展示了自己最好的一面，因此随着相处时间的增加，对方身上的缺点会逐渐暴露，双方思想越来越有差距。这时候，逐渐升温的幸福感有所停滞或开始下降，都是正常现象。

萧晓是一个年轻漂亮的女生，从开始恋爱的那一天起，她就掉进了感情的旋涡，完全失去了自我。在热恋阶段，她奉献了全部的爱，说话办事变得小心翼翼，只为讨好对方。时间一长，那种失去自我的生活，竟然让人有些伤心。

果然，萧晓的付出并没有得到想要的回报，最初被大家看好的一段感情戛然而止，一对恋人最终和平分手。萧晓伤心欲绝，怎么也想不通自己如此深爱一个人，如此全心全意地付出，最后还是暗淡收场。

有了一次感情创伤的经历，当萧晓尝试进入第二段感情时，她不再急不可耐，变得冷静理智，看起来很成熟。然而，对方似乎并不那么稳健，很快对萧晓失去了耐心。这一次，萧晓并没有伤心，反而有一种看透一切的淡然。她知道自己只是还未遇到那个对的人，一定要耐心等待。

人们在感情的世界里，往往无法理智地分析其中的奥妙，总是不停地问："你到底爱不爱我，有多爱我？"甚至，因为爱情不顾自己的事业，最后让自己陷入被动。

有时候，很多人总以为自己这么做是为对方着想，并期盼得到感谢。如果两个人不合拍，或者没有拿捏好对方的心思，这样做反而会弄巧成拙，引起不必要的麻烦，甚至令人厌恶。尤其在爱情里，当自己的爱变成一种束缚的时候，感情也就走到了尽头。

女人在恋爱中总是飞蛾扑火一般奉献自己，男人在爱情里又何尝不是这样呢！

张迪爱上了一个女孩，对她百般疼爱。可以说，他对这个女孩煞费苦心，愿意为她上刀山下火海。

因为太在意，张迪对这份感情经常患得患失，整天胡思乱想，心神不宁。他动不动就给这个女孩打电话、发微信，经常问对方在干什么、在哪里。

起初，女孩很享受这种关爱，但是时间长了就感觉没有个人空间。终于有一天，女孩提出了分手。张迪自以为处处为女友着想，殊不知已经引起了对方的厌烦。

在旁人看来，张迪并没有把自己放进这段感情里，他只是一味地付出，却从未考虑对方的感受和需求。因为太在乎而把对方抓得太紧，让人喘不过气来，注定会过犹不及，亲手埋葬了自己的感情，这种教训是很深刻的。

爱情之所以辛苦，是因为在一段感情里很多人没有办法做自己。他们在爱情里迷失，无法找到自己的位置，离爱的人越来越远。一个人想尽办法取悦对方、改变自己，结果失去了自我，也最终失去了爱人，这种感情投入无疑是错位的。

每个人在爱情里都是卑微的，把自己变成了对方，为爱付出一切，可是到头来没有换来幸福。可见，委曲求全不能换来爱和在乎，反而会将自己变成爱情的奴隶。那么，如何避开这个旋涡呢？

不管是在事业上，还是在爱情里，请勇敢做自己，不要为任何人而改变。如果他们不能接受真实的你，那就不配拥有最好的你。真心付出也需要保留一个位置给自己，如此才算懂得什么是真正的爱。

做自己并不是自私自利，首先爱自己，然后爱对方。懂得尊重别人，懂得倾听对方心底的想法，然后进行真诚的沟通，这样的爱才可以延续下去。在很多爱情故事里，分手并不是因为不够爱对方，而是太过爱对方，反而失去了自我，吓坏了对方。所以，这样的爱情在分离的时候总是最难舍。

其实，最好的伴侣是能让你在爱情里做自己，做自己喜欢做的事情，变成自己喜欢的样子，而不是为了爱情迎合讨好对方。既然两个人能够走到一起，那么你就应该相信，他喜欢的是你最初的模样。

经济学解读

在爱情里，做自己并不是自私自利，而是尊重对方、用心爱对方的一种方式。它让一个人变得更优秀，变得更能得到对方的爱。所以，最好的伴侣首先是自己，然后才是别人。

任何一段轰轰烈烈的爱情都有归于平淡的时候，或许说这才是它最真实的样子。始终把感情放在骄阳下炙烤，终究会让爱情之花枯萎。无法在感情中做自己的人，终究得不到对方的尊重和理解，也就无法让爱继续下去。

错估形势导致情路坎坷——谈判经济学

经济学家并不能衡量心中任何情感本身，即不能直接来衡量，而只能间接地通过它的结果来衡量。一个人甚至不能准确地比较和衡量自己在不同时间的心情。至于别人的心情，只可以间接地从它的结果来推测，是无法衡量的。

"自信"一词是指对自身力量的确信，深信自己一定能做成某件事，实现所追求的目标。但是，自信放到感情身上，有时却会导致情路坎坷。"这山望着那山高"，对年过30尚未成家的女性来说，这似乎是一句讽刺性的话，应该不会有人愿意听到这样的教诲。

一些年轻漂亮的女生总是频繁换对象，因为她有资本——年轻、漂亮。然而，资本并不是一劳永逸的，最无法挽留的就是青春。

郭思宇是一位标准美女，长相虽算不上沉鱼落雁，但也是校花级别的。自初中开始，她身边便不乏追求者，恋情一段接一段。

可是年复一年，郭思宇换男友的频率开始降低。她发现合眼缘的追求者越来越少，反而当年样貌平凡的女同学大多有了归宿。

她开始不能接受残酷的现实，性格变得孤僻、怨天尤人，最常念叨的就是："我还可以选吗？"显然，郭思宇没有把握住机会，没有在最好的年华选择一个意中人，结果最后成了孤家寡人。在恋爱这个战场上，她输得很惨。

起初，郭思宇是典型的恃宠而骄，以为天生丽质便有恃无恐。她漠视时机的重要性，错估形势，最终恨错难返。正如基金公司的广告所说："过去表现不能用作对未来的评估。"

如果运用经济学知识解读郭思宇错估形势导致的情路坎坷现象，则可以运用谈判经济学来解释。具体来说，谈判更多的时候应用于实现商业合作上，比如公司收购合并、物料采购等。其实，在日常生活中同样存在各式各样的谈判过程。

比如，小时候向父母争取更多玩游戏机的时间，恋爱时向女朋友要求更多的自由度，向推销员多索取一些赠品等，都牵涉易学难精的谈判。

谈判的过程其实就是一个讨价还价的过程，还价不成，可以寻找下一家再进行谈判。谈判双方各自都会有底线，这种底线是其他最佳替代品①给予的，谈判中突破对方的底线自然无法达成交易。比如买菜，你通过市场询价，黄瓜的价格在每斤2~3元之间，你选择了一家进行采购，黄瓜价格2.5元每斤，你在交涉中想以1.5元的价格

---

① 对于两种物品，如果一种物品价格的上升引起另一种物品需求的增加，则这两种物品被称为替代品。互为替代品的交叉价格弹性大于0。战略管理中的替代品是指具有相同或相似功能的产品，比如公交车和私人轿车、洗衣粉和肥皂。

购买，显然无法谈拢。

谈判的底线有时会让交易变得特别复杂，当一名买家已敲定价格，并愿意预付定金时，那么这一价格就是卖方日后与其他所有潜在买家谈判的筹码。但是，当卖家遇到给出更高价格的买家时，即使上一个买家支付了定金，他也会倾向于毁约。

恋爱也是一个谈判的过程，也面临着随时毁约的风险。而轮番更替的恋情，是一个不断订立契约、打破契约的过程，或者说是一个不断被代替品代替的过程。相对于其他事物的谈判，恋爱的谈判较为复杂，大家同时扮演买卖双方的角色，有时候你会是主动追求者（买方），有时候则是被追求者（卖方）。

所以，求爱者若希望"桃花朵朵开"，就要留心以下求爱三大忌。

◎求爱一忌：底价过高——无人问津

不少单身男女无法脱单的症结，主要在于要求太高：嫌学历低，嫌长相差，嫌没房没车等。殊不知，如果要求太高，大部分潜在的伴侣在第一轮就会被淘汰出局。所以，想要脱离单身，第一步就是重新定位自我，不妄自菲薄，也不妄自尊大。

◎求爱二忌：信息不对称——空余孤芳自赏

一些人在恋爱时，因为双方彼此了解有限，对方不清楚你的家庭条件、爱好、工作情况等，所以造成信息不对称。在相处过程中，两人极力展示自己最好的一面，隐藏自己的缺陷，势必给对方造成信息失灵。

本来你大大咧咧，却表现得小鸟依人，不能展示真实的自我；一旦这不是对方想要的，那么时间长了必然造成误解，最后只能孤芳自赏。因此，脱单的关键是学会与人正确交流，表达真实的自我，知道自己想要的，并给予他人真正需要的东西。

◎求爱三忌：他人的建议——错估底价

每个人都会有几个好友，都会有向好友求助的经历。单身女遇到恋爱问题或难题，往往请闺密给予指导。通常，她们会不停地安慰你，站在你的角度上分析对方存在的问题，殊不知，如果戴着有色眼镜看问题，那么她们大多会给出不公正的意见。如果你接受闺密错误的分析和判断，并以此作为行动的依据，则你势必会说错话、办错事，到头来吃亏的是自己。

任何时候，闺密或朋友的意见仅仅是供参考的，不能照抄照搬。关键时刻，你才是最终决策者，所以一定要搞清楚内心的真实想法是什么，并从理性角度进行分析。理性的思维判断与自己内心的想法会存在差距，理性是通过自己或者他人帮助得出的结论，并据此采取的行为倾向。然而，它并不一定是自己内心真实的意愿表达。所以，人需要倾听自己内心的声音。

经济学解读

频繁更换恋爱对象，是因为内心有一种虚幻的替代品（谈判的底线），这一替代品会让一个人错估形势、有恃无恐、嚣张高傲，成为恋爱无法顺利转化为婚姻的重要障碍。

改变情路坎坷的状态需要正确地进行自我定位，学会与人交流，表达真实的自我，倾听自己内心的声音。

那些与婚姻割裂的人——产品生命周期

在经济学上，一个原因的全部结果很少立即发生，而往往在这个原因已经消灭之后才表现出来。

在人们的眼里，独身者有一分潇洒、一分随意，还有一分神秘。大多数独身的人经历过婚姻，最后选择一个人走完余生。我们只有深入他们的生活中才能发现其中的艰辛。

经历过婚姻而后选择独身的人，必然内心经历过煎熬，他们从肯定婚姻到否定婚姻，中间经历过大苦大痛直到大彻大悟，才会选择独身的道路。也就是说，独身经历了思想的萌芽、成长到成熟这样一个过程。这类似于经济学中的产品生命周期，即产品从进入市场开始，直到最终退出市场为止所经历的市场生命循环过程。

王霞是一个体态苗条、衣着新潮的中年女性。有一次参加周末俱乐部，她自告奋勇走上讲台，然后自豪地说："我1994年就离婚了，离婚后我年轻了10岁。参加周末俱乐部，不是为了寻找结婚的伴侣，而是为了寻找快乐和友谊。我不想再结婚，现在生活得很好，今后我单独过一辈子，没什么不好。"

当年，王霞有过美满的家，并与丈夫养育了一个孩子。但是她遇到了改革开放，在商品经济大潮的簇拥下出现了一大批女强人，搅动得她日夜不安。她觉得自己可以和那些女人一样，拥有自己的事业。她干脆辞去工作去冒险，可是丈夫不同意，认为女人就应该本分。为此，家庭争吵不断，两人极其痛苦。

经过一番思想斗争，王霞决定放弃婚姻，选择事业。她认为发展自我，才能让生命更有意义，于是毅然选择离婚。最后，她获得了孩子的抚养权，与丈夫分道扬镳。

随后，王霞自筹资金创办了一个小小的汽车修配厂。为了揽活，她顶风冒雨招揽生意。如今，她物质生活优裕，精神生活丰富，兴趣爱好广泛。她有各种异性朋友，有的是舞伴，有的是事业的支持者。

王霞说，婚姻对她来说是牢笼，捆住了她的手脚。

每个人都有选择个人生活的权力，那些独身的人出于各种原因与婚姻割裂开，有时是一种无奈，有时是一种幸运。王霞无疑找到了自我，她在事业上不断精进，成就了璀璨的人生。

从根本上说，婚姻是一种契约关系。在经济自由、精神自由日益勃兴的年代，人们不愿意在婚姻中将就。那些被抛弃，并且暂时找不到合适伴侣的人，往往会开启单身生活，甚至单身走完余生。

陈华刚过了50岁生日，已经离婚10年。她是一位中学的数学老师，工作平平淡淡。前任丈夫是她的同班同学，在一家研究单位工作。可是在不惑之年，丈夫向她提出离婚，理由是"两个人在一起没有味道了"。

这对陈华来说无疑是一个晴天霹雳。后来，她冷静下来细细想想，发现两个人的裂痕早已存在。丈夫性格开朗，兴趣广泛，虽然公务繁忙，但是依然风度翩翩；而自己性格内敛，在家庭和工作的双重压力下早已变得老气横秋。

两个人的思想观念存在巨大差距，日常话题也特别少。最终，当丈夫提出结束这段索然无味的婚姻时，陈华自然接受了。很长一段时间，她都沉浸在伤心之中，终日以泪洗面。

后来，陈华下决心开始新生活，另觅佳偶。在同事的介绍下，她与一个比自己年龄大的退休老干部相处，可是偶然间发现这个老干部和一个年轻的打字员有暧昧关系。一怒之下，陈华退出了这段关系，并决定独身。

在这个世界上，人们随时面临各种诱惑，找一个可靠的知心人太难了。"不知什么时候就会掉进陷阱里，把人给淹没，我再也没有勇气尝试新的婚姻了。一个人过也不错，现在我联系了久未谋面的同学，经常聚会，非常开心。"陈华决心一个人走完晚年岁月。

陈华用压抑淡化对感情的渴望，割舍了婚姻才走上独身之路。事实上，她内心遭受着巨大的压力，不仅是来自感情上的，还有来自社会上的。一方面，自己遭受两次感情创伤，令人痛苦不已。另一方面，社会舆论的压力也会让当事人备感焦虑。

对社会舆论来说，人们习惯遵循传统的行为，并以此审视身边的人和事，一旦不符合传统，就会被视为不正常。因此，独身者的反传统行为很容易成为人们议论的焦点。对于一个结过婚而最终选择独身的人，舆论并没有给予应有的宽容。

然而，在西方摈弃婚姻的独身者却享受着更多的自由与理解。他们可以独自生活，有自己的密友，无论到哪里都能得到应有的尊重。在中国，大多数独身的人过着清心寡欲的生活，似乎要斩断一切尘缘。他们的私生活成为一些人的热门话题，种种推测，捕风捉影，不绝于耳。更有甚者，有人把独身看作人生危机，当作失败的案例，这显然有失公允。

其实，每个人都有选择婚姻的自由，独身也是一种选择。人们应该学会尊重别人的生活，包括独身者的选择。社会也应该给予独身者理解和关怀，为他们提供更广阔的活动空间，让他们处处感到友谊和温暖。

经济学解读

产品生命周期是指产品从进入市场开始，直到最终退出市场为止所经历的市场生命循环过程。年轻的时候，人们更容易获得稳定、幸福的婚姻；那些迟婚或再婚的人，想从婚姻中获得一段幸福、稳固的关系，无疑会变得困难重重。如同一个产品进入生命周期的晚期，在市场上会变得不受欢迎。

人生充满了不确定性，你永远不知道下一刻会发生什么。那些与婚姻割裂的人，有的经历了婚姻失败的过程，有的始终没有迈进婚姻的殿堂，最终选择了独身。无论保持婚姻关系，还是选择独身，最重要的是好好爱自己，享受生命的每个时刻。

第四章
资本收益：单身是贵族，也是生意

在北京、上海、广州、深圳等大城市，33%的人每月最大开销为自我娱乐消费或聚会，18%的人至少每周去一次酒吧、KTV等夜生活场所，不经考虑就购买奢侈品的单身消费者占29%……单身人群有钱、有时间，更有消费意愿，注重生活品质，已经成了商家眼中的一座金矿。

赚钱要懂"单身经济学"——经济利润

> 从相当大的意义上来说,我们唯一有别于其他物种的东西就是货币。

何为经济利润?它是商家的收益和成本之差。所谓赚钱,就是要提高经济利润。单身男女现象中蕴含着无数商业机会,是一门非常值得研究的经济学。

近年来,随着单身的人数越来越多,"单身经济"也逐渐火爆起来。早在2001年,著名经济学杂志《经济学人》①就提出了"单身女性经济"概念。这些拥有高收入、高学历、高素质的单身女性,是广告业、出版业、娱乐业和媒体业等众多行业产品和服务的生产者及消费者。

研究发现,这些单身人士多为中产阶级,比其他阶层更有消费

---

① 《经济学人》是一份由伦敦经济学人报纸有限公司出版的杂志,创办于1843年9月,创办人詹姆士·威尔逊。杂志的大多数文章写得机智,幽默,有力度,严肃又不失诙谐,并且注重如何在最小的篇幅内告诉读者最多的信息。该杂志又以发明巨无霸指数闻名,是社会精英必不可少的读物。

冲动和消费能力。"买我所爱，花我所赚"，是他们的主张，即便豪掷千金也绝不手软。对单身人群产生的经济价值，我们不妨从国外的情况一窥究竟。

结婚是两个人的事，拍婚纱照自然需要两个人配合才能完成。但是在韩国，单身女性只要愿意，就可以拍一个人的婚纱照，周围人丝毫不会大惊小怪。因此，单身人士拍婚纱照促成了单身经济的发展。

韩国的电器公司还特别为单身人士设计出小容量的洗衣机、机器人真空吸尘器，以及便携式电视机等人性化产品。为了解决单身人士吃饭的问题，许多食品公司开发出单人份包装食品，既方便又环保。与此同时，商家的销售额也节节攀升，经济利润翻番增长。

在以便捷性著称的日本，单身服务业发展得更为成熟。单身公寓是面积不大的空间，既满足了一个人的生活需要，又节省了开支。一些人性化的餐厅，为单身人士提供可爱的毛绒玩具陪同用餐，极受欢迎。著名的连锁便利店7-11还为单身贵族提供家庭清洁、厨卫清理等便捷服务。无印良品在2014年推出的"小号"厨房用具一上市，就受到了广大单身人士的热烈欢迎。

位于北欧的瑞典斯德哥尔摩，有一个名为"一起拥抱人生旅程"的七层楼住宅项目，专门为40岁以上的单身人士提供独居生活体验机会。这里除了公共餐厅、开放式厨房，还有编制区、木工室等兴趣区可供选择。陌生人在这里可以共享公共空间，增进了解。该住宅项目吸引了不少单身人士。

此外，挪威一家游轮公司为了吸引更多游客，于2010年将加勒比航线的游轮增加了128个单人房。这样一来，一个人出行就不必再支付双人费用了，对单身人士极具吸引力，结果销售额大增。

国外单身人数与日俱增，国内的这一趋势也势不可挡。逢年过节，适婚年龄的年轻朋友们回到家，肯定免不了被七大姑八大姨"嘘寒问暖"一番。随着越来越多的人加入单身大军，催婚团的势力也越来越壮大，与之相伴的便是火热的相亲市场。相亲市场的火爆，也带动了婚介、交友网站、咖啡厅、电影院等的经济增长。

29岁的小米从名牌大学毕业，在北京从事一份高薪工作。在亲友眼里，她生活过得自由洒脱。然而，小米至今仍然保持单身，身边的人都替她着急。小米心态很好，并且很享受这种单身的生活状态。不过，逢年过节回到家，面对父母和亲戚的再三追问，她还是很头痛，甚至为此和父母大吵过一次。

前天晚上，妈妈突然在微信上告诉小米，刚认识了一个婚恋网站的大姐，花了500元让小米成了网站会员。这家网站的工作效率特别高，一个星期能相亲五六次。小米一听火冒三丈，认为花这个冤枉钱不说，还严重伤了自己的自尊心。

"我难道一定要相亲才能找到真命天子吗？难道非要找一个人凑合过一辈子吗？"虽然内心特别不情愿，但是小米又不敢把真实想法告诉妈妈。就这样，这家婚恋网站又多了一个客户。

单身人士看似花销不大，实际上却并非如此。研究发现，单身者更注重个人形象与品位。特别是在单身女性群体中，这一点体现得更为明显。一位30岁的女士说，单身更应该对自己好一点，把自已打扮得漂漂亮亮才赏心悦目。因此，她在护肤品、化妆品和服装方面很舍得花钱。

此外，单身女性追求独立自主，一般与异性参与社交活动，也会主动要求AA制。还有各种其他团体活动——健身运动、休闲旅游等，都需要一笔不菲的开销。

对单身男女来说，找到中意的人并不容易，因此相亲活动通常不会一次就成功。每次相亲都伴随着一次消费，相亲地点不能太寒酸，为相亲准备一套体面的衣服也理所当然。这些投入虽然不一定会带来满意的结果，但是单身人士舍得投资。

实际上，单身人士更热衷于参加社交活动，面对各种应酬需要支付相应的费用，从而促成了多次消费。可见，单身贵族也不是那么好当的，需要花钱的地方一点都不少。单身经济蓬勃发展，带动了消费，也让商家尝到了甜头。

经济学解读

单身人士在投资和消费方面应该与已婚人士有所差别。在与"成功"相关的产品投资方面，单身人士远高于已婚人士，前者更追求个人能力的提升。为了让自己永远成为一只绩优股，他们舍得在自我保值方面加强投资。

"买买买"，消费成为孤独新解药——冲动型消费

> 人常常不理性，但不理性行为一旦被识别，这种识别就成了新的知识，就会被其他人理性地运用。

今天，单身人士已经成为大城市一道独特的风景线。他们白天忙于工作，奔波于住处、地铁和公司之间，承受着强大的压力，没有充裕的时间和精力结交异性。

渐渐地，一个人居住、一个人吃饭、一个人上班、一个人看电影、一个人逛街竟然成了常态。到了晚上，华灯初上，望着万家灯火，一个人常常会感叹：我在这个城市没有归属感，我感到孤独。为了排解压力和孤独感，他们花钱消费，抚慰落寞的心情。

◎孤独是一种潮流，花钱享受一个人的自在

城市创造了一种空间，一种氛围，一种集会，人们在这里谋生存、求发展，彼此熟悉又陌生。在自我成长、奋斗中，一个人拼搏的日子渐渐成了一种潮流，而单身的人又从中品味到人生的多种味道。

也许一开始渴望爱一个人，也被人爱，但是渐渐习惯了独自面对一切，孤独感不再激发出悲伤与平庸，反而促使人活出了自己的

风格。工作忙碌而劳累，就用金钱善待自己，于是"买买买"成为化解孤独的新解药。

"一个人过节可以吗？"这条帖子曾经在网络上红极一时，引发大家的热烈讨论。很多"90后"跟帖说"享受一个人的寂静也是一种品位""一个人过日子为何一定要看上去可怜巴巴，一个人也要好好吃饭，好好生活""去高档餐厅品一杯红酒，去丽江旅行，去电影院看一场让我捧腹大笑的电影，一个人可以而且必须过得精彩"。

李可从东北来到北京，没有住地下室、食不果腹的经历，从一开始她就踩对了步伐，并非常享受单身生活。虽然收入不错，但是她买不起房，于是租了一个中意的大开间。

每天清晨醒来，她会到楼下跑步一个小时，然后回来泡一杯麦片，吃几片面包。公司离住处很近，李可骑着共享单车去上班，方便又环保。

为了在工作中保持良好的状态，李可很注重自己的形象，在穿衣打扮上从不将就。她认为这是必要的投资。下班以后，她会参加瑜伽课、插花课，周末偶尔和同事聚聚，享受惬意的时光。

更多时候，李可常常一个人到郊外走走，或者去咖啡馆品一杯咖啡，看一本好书。晚上回到家，冲个热水澡，上床睡觉，她感觉这种单身生活一点也不孤独，反而很有格调。李可在必要的消费上从来不吝啬，她不想亏待自己。

也许有人把李可的经历看作"少年不识愁滋味"，但是无法否认的事实是，消费孤独正成为当下的一种流行趋势。"一个人也要好好吃饭"，随着这种趋势的走红，像《深夜食堂》《孤独的美食家》等日剧都描绘出了单身在孤独之外也有一份美好。特别是随着单身经济的兴起，单身不再是一个贬义词，也不再和悲伤挂钩，而是享受生活的另一种方式。

◎孤独刺激了冲动型消费

单身分两类：主动单身和被动单身。主动单身者将孤独当作一种时尚风格，享受其中。而被动单身的人，往往会在深夜时被孤独感裹挟、寂寞难耐。而为了克服、逃避这种孤独，人往往会产生冲动消费的欲望。

"我不想一个人过生日，于是我买了一堆毛绒玩具，还给自己定了一个大蛋糕，将家里装扮得像开派对一样。事后我会后悔这么做，太浪费了，但是当下一次孤独感袭来时，我还是会冲动地买一种虚拟的陪伴。"一个单身五年的姑娘这样安抚心灵。

孤独的人渴望用外在的东西填满自己，容易引发冲动型消费。每次一个人去商场，看到有打折活动，那些孤独的人都会忍不住买买买。虽然回家后就把它们放置在一边，但是无法避免下次继续出现类似的情况。如果不是一个人，而是有人陪在身边，也许劝说一下，他们就不会冲动付款了。

也许有人会怀疑，单身的人真的这么容易花钱吗？他们会这么疯狂地购物吗？答案是肯定的。因为单身的人容易孤独，而孤独恰恰正是刺激消费最好的良药。

因为独身而且收入不菲，他们是最理想的顾客。与其他阶层相比，他们更有花钱的激情和冲动，只要东西够时髦、够奇趣，他们就会一掷千金。今天，恐怕不只单身女性拥有这样强大的消费能力和消费冲动，单身男性的购买力和购买欲也不容小觑。

◎单身群体扩大引发新型消费类型

研究单身经济，离不开单身群体。那么，当今中国到底有多少单身人士呢？一组数据也许能够解答你我心中的疑惑。

国家民政局公布的数据显示，中国单身的成年人数量接近2亿，占中国总人口的14.6%。这一数字在1990年是6%，在29年的时间里增幅令人惊叹。在国外，这一数字更加让人吃惊。

调查显示，在法国每三户人家就有一户是单身，德国柏林的独身人口数达到总人口的54%。一项预测显示，到2030年，日本的终身未婚男性比例将增至30%，而女性则增至23%。不久前，韩国宣布进入"单身全盛时代"。

面对客观、真实的数字，你必须直面汹涌而来的单身大潮。如此巨大的人群，在聪明的人眼中就是无限商机。

消费，是一个人人生中不可避免的部分，而调查显示，个人消费要比双人、家庭消费高得多。如今，无论是在穿衣打扮方面，还是在饮食旅行方面，大到住宅汽车，小到家电厨卫，越来越多的为单身人士设计的产品涌入市场，"单身产业链"渐渐浮出水面。

经济学解读

一个人在商场看到打折或者喜欢的商品时，也许这些东西对你来说毫无使用价值，但是冲动的欲望会让你立马将其买下，事后任凭这些商品被闲置在家，冲动消费往往就在一念之间。这就是典型的孤独带来的冲动型消费。

更高级的消费孤独，正在成为越来越大的商机。今天，一个人吃饭逛街不再招来鄙夷的眼光，而是引起众人的羡慕。当孤独和美学相遇，消费市场就这样被打开了。

<<<

婚恋网站成为风投"香饽饽"——信息不对称

只有当产品的定价过低时,"短缺危机"才会发生。

单身男女寻找另一半的一个重要途径是相亲。看看近几年火起来的综艺节目——《非诚勿扰》《百里挑一》《中国式相亲》《非常完美》,它们越受欢迎,就越证明婚恋市场的火爆。

随着单身人群越来越大,迫切找到合适的伴侣就成为一种旺盛的需求。今天,年轻人工作节奏快,生活压力大,很难有充分的时间交友、慢慢相处,并最终确认关系。在IT公司上班的李涛就经常抱怨:"我几乎每天都要加班到9点,有时甚至到半夜。机械枯燥的工作让我变得沉默寡言,找对象真的不是我的长项。再看看我周边的工作环境,清一色的兄弟连,唯一的异性就是公司的保洁大妈了。"

现实中存在同样困扰的单身青年不在少数,他们的工作环境和工作性质使他们没有太多认识异性的机会及约会的时间。而随着年龄的增长,家长又会左催右催,可是到底去哪里才能寻得理想的另一半呢?显然,婚恋网站成为单身一族的不二选择。

近年来，北京市30岁以上的单身女性数量大幅增长，随之而来的就是婚介市场的井喷式增长。数据显示，截至2017年1月，国内三大主流婚恋网站中，世纪佳缘网拥有注册会员3200万，百合网拥有2600万会员，珍爱网也有2600万会员。三者的会员相加起来，几乎囊括了中国近半数的单身人士。每年数亿元的营收，200%的增速，让婚恋市场变得更加令人垂涎。

此外，一些小婚介所也从国内单身浪潮中分得一杯羹。一家婚介老板说，前几年婚姻介绍业务一直处于亏损状态，但是从2015年开始已经逐步赢利。

借助互联网技术迅速发展，婚恋网站异军突起，也成为广大都市男女脱单的首选。这是因为它最大限度地运用了经济学中的信息不对称原理。具体来说，信息不对称是指交易中的各方拥有的信息不同，导致彼此的信息不对称，占有信息优势的一方获得了最佳的决策权，并因此获利。

网络技术让商业世界中的各类组织扁平化，广大单身男女在婚恋网站注册个人信息，并获得了搜寻其他特定目标的权利，由此与中意的目标连接，开展约会等活动。在这个过程中，注册人向婚恋网站支付特定的费用，成为网站的一部分利润来源。

随着人口流动加剧，年轻人在茫茫人海中寻找到合适的伴侣变成了一件困难的事情。婚恋网站抓住这一需求，并以极大的便利性为消费者提供交友服务，由此单身男女可以最有效率地寻找结婚对象。而婚恋网站则成为风投的"香饽饽"，得到了迅速发展。

2005年1月，手机应用软件公司美思科技收购免费交友网站"中国交友中心"；

2005年4月，"中国交友中心"被改造为付费红娘网站珍爱网。同月，中友集团成立，成为美思科技和珍爱公司的持股公司；

2005年9月，美国创投Mayfield和GSRVC（金沙江创投）联合向百合网投资200万美元；

2005年底，软银亚洲向嫁我网所在的浩天集团注入1250万美元资金；

2006年初，亿友被欧洲的婚恋交友网站Meetic以2000万美元并购，改为Meetic的中文版"蜜糖网"；

2006年3月，硅谷创投NEA联手其中国伙伴NorthernLightVC（北极光创业投资基金）共同向百合网投资900万美元；

2006年5月，美思科技和珍爱公司的持股公司中友集团从日本的三菱投资（MCCapital）、新加坡的SEAVIAdvent融到了600万美元；

2007年4月，世纪佳缘获得了来自新东方三位元老徐小平、王强、钱永强的4000万元天使投资；

2007年6月，世纪佳缘获得风险投资公司启明创投的1000万美元风险投资。

……

婚恋交友网站越来越受单身人士的欢迎，并凭借这一市场优势得到了风险投资的青睐。事实上，婚介服务业是一个有着广阔发展前景的朝阳产业，它从古代的媒婆发展到今天庞大的商业组织活动，从个人行为逐渐发展为公司化运作，越来越深刻地影响着人们的生活。婚介网站会有多火，让我们来看看这背后庞大的需求人群。

世界上绝大多数国家都有婚介行业，这是随着经济的发展而兴起的，经济越发达的国家，婚介市场越火爆。有统计显示，法国有70%的单身男女曾经求助于婚介交友服务机构来寻找伴侣。而在人口众多的东亚国家，比如日本和韩国，婚介市场更是供不应求。在中国，仅仅是广州、深圳两个城市，就有超过100万名适婚的女性（包括外来人口）到现在依然单身。

既然单身的男女这么多，那他们互相搭配一下不就解决了嘛！偏偏寻找伴侣不是一件简单到可以机械化的事情。现代社会越来越多的大龄单身男女，主要面临两个方面的压力：工作太忙，圈子太窄。正是基于这两个共同的难题，婚介看到了刚性需求，并得以发展壮大。

随着我国经济的迅速发展，人们的工作和生活节奏越来越快，个人的业余生活空间越来越狭窄，社会交际活动的圈子也越来越小，这增加了年轻人结婚的难度。与此同时，当今离婚率高、再婚难的问题也很突出，使得越来越多的单身人士选择借助婚介机构解决婚姻问题。

工作之后，许多人在亲友、同学的帮助下参加过相亲活动。通常，他们碍于面子，不好拒绝，但是有的相亲对象确实让人提不起兴趣，结果相亲大多以失败告终。借助婚恋网站信息筛选技术，单身男女可以有针对性地寻找目标，不用考虑亲友的感受，从而可以有充分的选择权。并且，网站有庞大的数据支持，提供的选择机会足够多，无疑会极大地提升相亲的效率。

火爆的婚恋交友网站引来了大批风投，反过来为单身男女提供更优质的服务。不过，市场火爆的背后，广大单身男女还要保持一丝冷静，因为面对太热的东西时，人们往往会忽视掉漏洞。而广大单身男女在交友过程中也要擦亮眼睛，努力选对人。

经济学解读

风投为何会愿意拿出钱投资一个婚恋交友网站？其主要考虑有五点：第一，商业计划是否具备可行性；第二，经营团队的背景与能力；第三，市场规模大小与开发潜力；第四，产品与技术能力；第五，财务计划和投资收益率。

有需求就会有市场，婚恋交友网站的兴起与中国社会变迁、单身经济发展密不可分。把握住单身经济的机遇，婚恋网站的明天一定会更美好。

针对单身男女开发的网络游戏——比较优势

两个人都会制造鞋子和帽子，其中一个比另一个相比，在这两个领域都处于优势。在生产帽子方面，他仅能以1/5或者说20%的优势超过他的竞争者，而在生产鞋子方面，他胜出对手1/3即33%。为了双方的利益，何不让这个具有优势的人专门生产鞋子，而另一个处于劣势的人专门生产帽子呢？

单身人士最爱的休闲娱乐活动是什么？网游绝对会进入前三甲。电脑的普及、科技的进步，让网游成为人们喜爱的项目。在游戏的世界里，人们可以扮演各种角色，或是盖世英雄的项羽，或是足智多谋的孔明，既可以是万人敬仰的女皇，也可以是行走江湖的女侠。可以说，网络给大众提供了一个可以实现梦想的机会。

网游的一个突出优势是，你可以足不出户，不必面见任何一个人，就可以在家中轻轻松松地与人聊天、合作打怪。对单身男女来说，网游绝对是打发时光的完美选择。

在中国，网游市场究竟有多火爆？一组数据可以告诉你答案。2015年，全球网游市场规模达到884亿美元，同比增长9%；而中国游戏收入超过美国，问鼎世界第一。在过去的5年中，全球网游基本稳定在8%的增长速度。而中国网游市场，虽不如欧美市场发展时间长，但是作为新兴市场，拥有强劲的发展势头和发展潜力。

网游美轮美奂、精妙逼真的游戏场景，深深吸引着每一个年轻人。也许在现实生活中你是一个沉默寡言、比较瘦弱的男生，但是在网游世界里，你可以成为指挥千军万马的大将军。现在的网游多数都要组队作战，这就给电脑面前的单身男女提供了一个认识朋友的机会。

电视剧《微微一笑很倾城》，就讲述了一对因网游结缘，从网游仙侣发展成为现实情侣的甜蜜爱情故事。这的确给单身男女一个提示：现实中解决不了的问题，也许可以通过游戏世界结缘。网游火爆异常，而单身男女专注其中，并渴望交友，那么两者结合起来，专门针对单身男女开发设计婚介性质的网游，市场一定非常广阔。

张译和王茜就是一对通过网游结缘的小夫妻。业余时间，张译喜欢打游戏，偶然认识了王茜。起初，他们只是为了打怪而结成的侠侣，但是王茜的战斗力实在不行，张译难免奚落一番，于是两个人在游戏里经常斗嘴。一来二去，张译发现这个姑娘很有趣，于是两个人慢慢从游戏里的侠侣演变成了现实中的情侣。

玩游戏真的能帮助单身男女脱单。在游戏世界里，当事人融入角色，对另一方体贴、照顾，自然容易让人感动。如果能够一起克服万难，降妖除魔，最终获得胜利，势必增进互信。这就像是现实中谈恋爱一样，有缘分的人终究会走到一起。

通过网游走到一起的情侣绝不止张译和王茜这一对，因为拥有庞大的需求市场，网游婚介的流行成为一种必然。

"网游婚介"究竟是怎么火起来的？又是怎么被发现的？《新大话西游3》的游戏设计者们提供了完美的答案。当初做这款游戏的设计师们通过市场调研发现，大部分玩家都是单身男女。"这么多落单的男女，为何不在游戏里助他们一臂之力促成一段姻缘呢？"

既然大家都爱玩游戏，那么在游戏基础上发展而成的爱情则会更加可靠。于是该团队大胆设想，然后付诸行动，最终推出了"桃花3月，马上谈恋爱"的活动，打造中国首个"网游婚介所"。该活动一经上线，就引起了广大玩家的热烈反响，参与热情持续高涨。

网络技术在重塑人们的生活，改变了交友、恋爱的方式。越来越多的单身男女相识在网游的世界中，在网游婚介所了解到对方的信息，互相关注彼此的动态，然后隐隐约约试探着了解对方。借助网游，人们打开心扉，在相互了解中进一步确认了恋爱关系。在成就有情人的同时，网游商家也从中分得一杯羹，获得了丰厚的利润回报。

网游市场火爆，红利也很大，如何在激烈的竞争中分享蛋糕，需要结合经济学的知识抓准商机。与单纯的婚恋网站不同，"网游婚介所"借助网游吸引有缘人，更具成本竞争力，这在经济学上被称为"比较优势"。

具体来说，比较优势是指一个生产者以低于另一个生产者的机会成本生产一种物品的行为。显然，"网游婚介所"比婚恋网站的机会成本更大。一款广受欢迎的网游聚集几百万、上千万人并非天方夜谭。网游公司在提供网游消费的过程中，顺势提供单身男女交友业务，运营成本无疑更低，也更能在情感上赢得消费者的信任。

我国的客户端游戏发展时间长，现在已基本处于产业成熟阶段。近几年，手机移动客户端成为众多网游公司发展的重点方向。随着移动互联网渗透率的提高和智能手机的普及，以及端游、页游巨头的纷纷入场，中国移动游戏市场在经历了探索期、启动期后，从2014年开始快速增长。

在移动互联网快速发展的基础上，商家如果针对单身男女交友进行市场细分，未来预期仍有较大的市场空间。"网游婚介所"无疑是网游红海大军中的一片蓝海，拥有广阔的发展前景，一旦找对切入点，盈利不是梦。

经济学解读

根据"两利相权取其重，两弊相权取其轻"的原则，集中生产并出口具有"比较优势"的产品，进口具有"比较劣势"的产品，商家就能获得最佳的经济效益。

在网游市场中，针对单身男女而设计的"婚介所"就是在发展比较优势，从而在激烈的市场竞争中杀出重围，开辟赢利新空间。

‹‹‹

小户型房子更受单身人士青睐——消费偏好

实验室只能产生伟大的设计，但是伟大的产品只产生在市场营销当中。

一个人，一间房，一顿晚餐，一张床，这越来越成为单身男女的个人生活写照。而衣食住用行最关键的是"住"，如何解决住房问题，是摆在单身人士面前的一道难题。

单身人士更爱哪种房子呢？首先分析一下单身人士对房子的需求。多年来，中国房价始终处于居高不下的状态，一二线城市的房价更是节节攀升，让人不敢想象。面对如此高昂的房价，单身人士如果决定买房，小户型房子无疑会成为他们的首选——毕竟只有自己一个人住，买大了又贵又不合适。

与已婚人士相比，单身男女没有太大的生活负担，不用考虑子女教育问题，他们追求轻松、自由、方便、舒适的生活方式，由此形成了特定的市场需求。在许多地方，小户型成交率持续攀升。

相关调查结果显示，在26岁至35岁的单身青年中，57.14%的人是小户型的主要需求者，49.58%的网友选择买"总价低，首付低"的房子，81.11%的网友选择总价100万元以下的小户型。显然，这是单身男女在购房上的消费偏好。

在经济学上，消费偏好是指消费者对特定的商品、商店或商标产生特殊的信任，重复、习惯地前往一定的商店，或反复、习惯地购买同一商标或品牌的商品。在巨大的高房价压力下，单身男女结合自身生活特点，更愿意购买总价低的小户型房子，这是一种理性的选择。

小户型这一概念最早出现在日本和中国香港。两地有一个共同特点，那就是人多地少、住房资源十分紧俏。因此，面积20多平方米，客厅和卧室一体化的小房子很受单身男女欢迎。在大城市里购买小户型或者租小户型房子，已经成为非常普遍的现象。比如，上海某单身公寓楼盘，在短短数周之内就被抢购一空。其中，22岁到25岁的单身女性购房者占到了总数的30%以上。

"我想拥有一套自己的房子，房子能给我带来安全感，但是大户型并非我所需要。小户型房子更符合我的需求，并且让我感到温馨、舒适。"一位购房的单身女士这样说。

在单身人群中，有些人是坚定的独身主义者。他们为自己以后的生活做打算，把买房当作投资以及对未来生活的保障。许多人买不起大房子，而小户型完全在其承受范围之内，因此这成了他们的完美选择。

也许你认为房价低是小户型房子走俏的原因，但这并非绝对。在一些城市，小户型房子的单价往往高于周围楼盘的均价，却依然能够吸引众多人购买。根本原因在于开发商摸清了单身男女的市场需求，然后对产品精心设计，做到了有的放矢。

无锡的一个小户型楼盘，在平均售价远高于当地平均房价的情况下，100套单身公寓瞬间就被抢购一空。在全国各地，小户型房产市场也呈现出类似火爆的场面，一家房地产开发公司负责人说："购买小户型住房的人群在增加，主要是单身女性，集中在30岁到40岁之间。她们拥有购房实力，也有购房需求。小户型房或是作为结婚生子之前的过渡房，或者作为一种投资。总体来看，单身人士购房拥有巨大的发展潜力，这也是一个趋势。"

今天，小户型并非传统观念中的狭窄拥挤、破败不堪，而是方便、舒适、自由、精致的代名词。精心设计的小户型房子，更符合单身男女对生活品质的要求，这是商家对消费者的偏好认真研究、精心策划的结果。

陈颖是一家省医院的内科医生，工作5年了，30岁依然保持单身。事实上，她有过两段感情经历，但是都无疾而终。此后，她被家长催婚，并多次参加相亲，始终没有遇到有缘人。最后，陈颖沉静下来，决定好好享受单身生活，一切顺其自然。

工作多年，陈颖手中有了一笔积蓄，她考虑给自己买套房子。虽然感情还没有着落，但是结束租房生活，有一个自己的小窝会让心灵多一点温暖。很快，她选中了一个小户型房子。

有了自己的房子，哪怕是小小的一间，内心也感到踏实很多，觉得自己不再是无根的浮萍，这是许多单身女士的心声。年龄大了，她们可以没有遇到心爱的人，但是一定要有自己的家。

年轻的时候追求个人梦想，在工作中有所建树，越来越成为单身者的生活理念。他们不急于走进婚姻，而是先让自己变得更好，形成了一种追求卓越的人生态度。显然，舒适温馨的房子是生活高质量的重要体现，也是他们在回馈自我的礼物。

房子的确是生活中最大的开销之一，那为何越来越多的单身人士投入到购房大军中呢？一方面，房子为单身人士提供了充分自由的个人天地，他们可以离开父母居住，可以摆脱合租的麻烦，真正实现了经济独立、生活自由。另一方面，单身人士有高品质的追求，小户型房子无疑是成功品质的证明。因此，单身男女偏好小户型房子，他们借此实现了个人资产的增值以及自我价值的诠释。

今天，单身人士有特定的价值观、消费理念，他们的消费偏好发生了变化。在不动产投资方面，购买小户型房子成为他们的首选。在地产开发行业，小户型向来是一种重要的产品类型。一方面，它受到单身人群欢迎；另一方面，它最大限度地满足了从未婚到已婚人群的过渡性需求。

正所谓"萝卜青菜，各有所爱"，有人钟爱大房子，有人喜欢住别墅，有人想让全家人生活在一起，有人渴望拥有自己的独立空间。实际上，"偏好"是潜藏在人们内心的一种情感和倾向，它是非直观的，引起偏好的感性因素多于理性因素。每个人的偏好不同，这就会引起行为选择不同。

经济学解读

消费偏好受多种因素的影响，收入、经验、地理位置、朋友圈等都会影响消费者的选择。今天，单身男女大多有较高的收入，集中于一二线城市之中，周围的朋友多数有购房的经历或购房的需求。在这样的背景之下，单身人士对购买小户型房子充满了热情。

单身群体越来越大，他们对房子的需求也就越来越大。追求生活品质的单身男女渴望告别租房的日子，拥有一套精致的小房子，于是精致简约的小户型便成为他们偏爱的对象。

谁是小型家电的消费者——性价比

所谓"创新"，是指建立一种新的生产函数，即把一种从来没有过的关于生产要素和生产条件的"新组合"引入生产体系，而"企业家"的职能就是引进"新组合"，实现"创新"。

俗话说"民以食为天"，一个人也要好好吃饭。但是一个人的生活面临一个难题：吃饭、洗衣根本用不到那么大容量的家电。市场就是这样，哪里有抱怨，哪里就有商机，适合单身人士使用的小型家电因此应运而生。

50升容量的电冰箱，3千克重量的洗衣机……越来越多的小家电涌入市场，受到单身人士的青睐。随着人们生活节奏的加快，特别是近年来单身公寓、小户型楼盘的走红，小型家电越来越受欢迎，其中的"当家花旦"便是小型电饭煲。

小型家电成了市场的"香饽饽"，甚至有越做越大的趋势，背后是单身经济潮流的兴起。纵览小家电市场，卡通化是其共有的特点。为何如此呢？因为购买小家电的人群多数是年轻的单身一族，他们更喜欢可爱萌趣的产品。卡通袖珍饮水机、造型可爱的电饭煲、迷你塑料电风扇等种类繁多的小家电，深深抓住了广大单身男女的眼球。

单身女李雪每次逛电器城，都会被各式各样可爱的迷你小家电吸引住。它们实在太可爱了，有小熊，有凯蒂猫，还有各种小动物和卡通人物造型。李雪平时就喜欢看动画片，感觉把它们买回家就像是领养了一群小宠物似的，放在那里就会令人心情愉悦。每次用它们做饭都充满了乐趣，让人心情特别好，一点都不累。

单身男张佳明购买小家电，主要是因为家里只有他一个人，完全没有必要使用大的家电。比如小的电饭煲，一个人足够用了。

色彩鲜艳、外形可爱、卡通风的小型家电代表了一种消费理念和生活方式。便捷、时尚、环保、健康的产品符合广大单身人士的消费需求，自然受到他们的追捧。

小家电针对消费人群，做出人性化设计，不但简化了大型家电复杂的各种应用设施，而且将实用性发挥到极致。比如，美的品牌1.6升小电饭煲不但具有可爱的小猪造型，而且具有15小时预约定时，还可以做蛋糕等。

为了更好地满足单身一族的消费需求，迷你小家电更是细分性能，发展出如懒人煮蛋神器，为爱美女士设计的香薰桑拿仪，为饮茶爱好者推出的专用品茗炉，还有特别为解决单身上班族吃早饭问题而生产的烤面包机。真正考虑到消费者的实际需求，尽一切努力做好细节，这样充满诚意而又实用的产品自然会受到顾客的喜爱。

除了以上原因之外，促使越来越多的单身人士选择小型家电，最为重要的一个原因就是性价比。

在经济学上，"性价比"的全称是"性能价格比"，是指一个性能与价格之间的比例关系。性价比应该建立在消费者对产品性能要求的基础上。也就是说，性价比是一个比例关系，它存在其使用范围和特殊性，不能一概而论。简单地说，就是花最少的钱满足自己最大的愿望。

实现购物最佳性价比，首先要了解自己缺少什么。作为单身人士，你完全用不到对开双门大冰箱，也不需要供4~6人吃饭的电饭煲，因此在购物之前，要做好计划，考虑资金是否充足，然后再去购买适合自己的产品。其次，家电这类产品一般使用年限都比较久，所以在选购时要考虑购买知名品牌、信誉度良好的产品。再次，要认真比较价格，也就是通常所说的"货比三家"。购买物美价廉的产品是一个重要原则，一个人买大冰箱可能动辄就要几千元甚至上万元，但是小型家电只要花费几百元就能满足日常需要，何乐而不为呢？

在众多小家电的激烈竞争中，小型电饭煲杀出重围，取得了骄人的利润。一项问卷调查显示，大学生购买迷你电饭煲的不在少数，他们一般会选择容量2.0升到3.0升，能够满足个人需要的电饭煲。单身上班族对这种电饭煲的需求也很大，特别是女生。男生经常选择在外吃饭，不爱做饭，但是女生则更喜欢在宿舍、自己的住处煮饭。因为条件有限，所以多功能的小型电饭煲成为女生的最爱。

中国小家电市场从无到有，从小到大，从弱到强，发展到今天已经逐步迈入了稳定健康的增长时期。调查数据显示，中国小家电市场仍然处于较高的增长阶段，市场对小家电产品的需求始终维持在良性的、稳定的水平上，整体增长态势稳健。

其中，成熟品类电饭煲存在一定增量市场，虽然不像以往那么抢眼，但是新兴品类料理机处于成长期，出现了爆发式增长。这表明，单身人士的产品喜好发生了变化，但是小型家电市场整体上仍然生机勃勃。

与传统家电产品不同，小家电在中国的销售仍然处于发展阶段，随着消费者需求的增加，其种类和数量都在提升。小家电平均利润率高，为企业带来的收益也高。未来小家电在中国的利润率和增长率均将提升至30%左右。

经济学解读

小家电行业的发展并非一帆风顺，也存有一些问题，比如安全实用性、质量保证、营销服务体系等。行业之间激烈的竞争，既能促进进步，也会带来恶性竞争。

要想在市场大潮中站稳脚跟，就要打好性价比这场攻坚战。质优价廉、设计人性化、功能齐全、外观精致，这样的产品才能获得消费者的认可。

不孤独的食物美学——供需机制

技术进步、投资增加、专业化和分工的发展等，并不是经济增长的决定性因素，经济增长的决定性因素是制度。

如果说2017年哪一部电视剧令人难忘，引起网民热烈讨论，那么翻拍自日本的《深夜食堂》一定会榜上有名。虽然这部剧在一定程度上遭遇水土不服，但是仍然为观众展示了城市夜归人的生活状态。

有人说："这不过就是一个老男人在深夜里为几个常去的客人做一顿简单的饭，有什么意思呢？"实则不然，故事并非只是吃吃喝喝那么简单，而是用美食道出了人物背后的孤独感。每一道美食，都藏着食客内心的一个故事，或者关于一个人，或者关于一段情，越来越多的单身人士在这部剧中找到了共鸣。

在偌大的城市中奔波，当华灯落幕、人潮散去时，我们究竟在为何而努力？此时此刻，深夜中的一碗面、一份厚蛋烧、一根烤香肠，都不再仅仅是食物，而成为单身男女和这个孤独城市能做的最后拉扯。当孤独成为这个城市的通病，食物就超脱了食物本身，变成了一种生活方式，演变出美学的意味。

现在网络上很流行"一人食"视频，视频中的人或者孤寂地坐在家中，在昏暗的灯光下看着无趣的电视剧，独自吃着一份冷水泡面；或者一个人坐在高档餐厅里，品尝着西冷牛排的嚼劲和白葡萄酒的清香；又或者满心满足地吃着自己精心准备的蔬菜沙拉和芝士焗饭，一人食的风格或孤寂，或凄凉，或小确幸，都证明了吃饭已经超出了填饱肚子的生理需求范畴，而是蕴含了一种美学在其中，成为单身男女的一种流行趋势。

为了满足单身人士对饮食美学的追求，越来越多的餐厅开始注重这些方面的细节。在日本，餐厅为顾客提供的细节服务可谓达到极致。一家著名的连锁拉面店，在店门口设置了自动贩卖机供客人点单，店内全部都是用帘子隔开的一人间，需要服务只需按铃即可。在这里，食客拥有了充分的个人空间，能在这个时空里好好享受自己和食物的独处时光。

在东京，有一家主打"抵抗孤独"的咖啡店，为了照顾独自来喝咖啡的顾客，他们会提供可爱的毛绒玩具陪伴顾客一同用餐。这种情景在中国著名火锅连锁店"海底捞"也频频出现。"陪吃玩偶"的问世，不仅给单身顾客送去了温暖，还成了吸引消费者的卖点。

在世界各地，这样的单身餐厅越来越受欢迎。美国佛罗里达州一位美食专家阿伦·艾伦根据调查得出结论："过去，如果一个人独自到一家上档次的餐厅吃饭，往往会被周围人视为'没朋友的失败者'。现在，大多数人不会再对此感到奇怪。"这是社会观念的改变，背后是单身人群崛起的写照。高离婚率也增加了单身群体的人数，催生了更多单身消费者，不为别人，只为自己活得开心轻松一些。单身人士都希望对自己好一点，希望自己拥有更美好的东西，单身饮食就这样红火起来。

李敬经常加班，通常坐着末班地铁回家。看着地铁上的人寥寥无几，再看看渐渐隐去的路灯，此时此刻，她会特别心疼自己，感觉自己辛苦奋斗也未能有一个温暖的拥抱。这个时候，李敬特别不想马上回家，因为那个屋子里只有自己孤单的身影，让人特别无助。

虽然夜深了，但李敬渴望能在外面吃上一碗热腾腾的面——哪怕只是一碗方便面，只要是别人特意为她而做，她立刻就能感到一股暖流涌入心头。对李敬来说，她吃的不是饭，而是一种情怀，一种心情。

在每一个夜深人静的大城市，有许多像李敬这样独自打拼的单身男女，渴望从美食中得到心灵慰藉。既然有需求，市场就要供给。掌握好供需关系，这就是经济学再简单不过的道理。美国著名经济学家萨缪尔森说，学习经济学只需要掌握两件事，一是供给，二是需求。

什么是供给？什么是需求？"供给"指的是生产者在一定时期内在各种可能的价格下愿意而且能够提供出售的该商品的数量。这种供给是指有效供给，必须满足两个条件：生产者有出售的愿望和供应的能力。"需求"指的是消费者在一定时期内的各种可能的价格下愿意而且能够购买的该商品的数量，即可消费者想得到某种商品的愿望。需求不是自然和主观的愿望，而是有效的需要，它包括两个条件：消费者有欲望购买和有能力购买。

今天，单身食客对充满美学的饮食需求很大，而商家要做的就是迎合消费者的需求，推出精准服务的产品。从这个意义上说，针对单身男女的美食生产者不仅要掌握烹饪技巧，还要谙熟单身男女的情感需求与心理特点，进行创意性设计。

在市场中，供需变化受很多因素的影响，比如价格越高，需求量越小；价格越低，需求量越大。此外，供需变化还与整个社会大环境息息相关。比如，随着国民经济的增长，人们的生活水平提高了，此时人们对家用汽车的需求就会大幅度增长。还有"二胎"政策的放开，带来母婴市场的再次走俏，以及市场对幼儿老师、儿科医生的巨大需求。

进入单身经济时代，单身大潮汹涌而来，食物美学应运而生，这就是供需机制作用的结果，是市场经济的自然规律在发挥作用。

经济学解读

供需关系最重要的就是需求，需求决定供给，只有市场需要，商家才会去生产。供需关系处于平衡状态时，市场价是正常价格，而这种情况在实际中是很难实现的。

供不应求、供大于求才是常态，而为了赢利，供不应求是最好的状态，但也要在适度的范围内。为此，商家针对单身男女提供美食服务的时候，更应该把美食创意设计、就餐环境等当作重点。

有情侣衫，就有光棍衫——扩张路径

对商品生产而言，扩张市场才是解决问题的根本所在。

单身人群增加，已经引起了商家的注意，并催生了单身经济的发展。今天，单身人士被引入各种消费活动中，拓展了商业内涵，带动了经济发展。

对此，我们可以用经济学中的"扩张路径"进行解释。所谓"扩张路径"，是指与各种产量相对应的等产量线与等成本线相切的点的轨迹。也就是说，所有投入品都是可变的，都有一个演进和变现的过程。

当有的人还在主打情侣牌、卖情侣衫的时候，更精明的商家已经发现了单身服饰的机会，并从中发现了赚钱的门道。"光棍衫"的诞生就是一个路径扩张的生动案例。

"光棍衫"是怎么来的呢？这出自浙江大学王婧菁同学之手。在一件很普通的白T恤衫上，最明显的就是正面三个放大加粗的"1"字，仔细看，每根粗粗的"1"里面分别包含篆书的"很浙大、很求是、很光棍"字样，连起来就是"庆祝浙江大学建校111周年"字样。至于背面，设计就更随心所欲了，除了浙大的鹰标外，内容非常搞笑，有"单身恒久远，光棍永流传""一件光棍衫，半世独身缘""当光棍不难，难的是一辈子当光棍"等不同的字样。在更加简洁的版本里，背面设计被简化为"光棍是一种境界"。

本来这只是王婧菁的一时兴起，但是没想到受到了同学们的热烈欢迎，很快就在校园内流行起来。谈起设计"光棍衫"的初衷，王婧菁说："浙大原来是个工科学校，男生偏多，'光棍'也多，恰逢浙大建校111周年，'光棍'的点子就是这么想出来的。"

"光棍衫"做出来以后，王婧菁开始在网上发帖卖衫，最初颇受男生欢迎，也有情侣下订单。后来，全国各地乃至国外的校友也感兴趣，像中科大、北大、美国普渡大学等，网上甚至还出现了盗版。无意之中就切中了市场的脉搏，王婧菁实实在在走在了潮流之前。

商家从事商业活动需要想象力，并善于发现商机、把握机会。有商业头脑的人发现一个好点子，就大胆尝试，在不断试错中拓展商业链条，扩充商业机会，成为真正的赢家。

单身经济蓬勃发展，让更多人嗅到了商机。来自成都的杨锐，是单身派文化公司的总经理，他打造的T恤、围巾、手套等单身主题织品早已在成都掀起流行狂潮。这让他成为天府的创业榜样。

2009年，杨锐失恋了，整个人失魂落魄，心情很糟糕。有一天，他走在大街上，看到一对对拿着玫瑰花、穿着情侣衫的情侣，这才意识到当天是情人节。想到这里，杨锐心里更不是滋味了，"凭什么你们情侣就可以开开心心过节，而单身的人就要落寞度日？"

忽然，一对情侣穿的情侣衫让杨锐眼前一亮，男生衣服上面写着"我只洗碗，不吃饭"，而女生衣服上面写着"我只吃饭，不洗碗"。当时，杨锐一下子被逗乐了，脑袋里灵光一闪，为什么情侣可以有情侣衫而单身男女就不能有"光棍衫"呢？想到这里，他萌生了一个想法，决定开发一种印有"单身"的T恤，也就是"光棍衫"。

当时，杨锐想到了就做。虽然只是一个大三的学生，但是他充满了自信，立刻召集几名同学进行分工——财务、设计、营销，安排得妥妥当当。他给团队起了一个响当当的名字——"单身派"。经过多次调查、修改，最终杨锐和团队设计出了第一款单身T恤：黑色的"天涯光棍"字样印在白色T恤胸前，左边标有"单身派"的拼音缩写"dsp"。

小试牛刀之后的杨锐，逐渐嗅到了单身潮背后的巨大市场气味。随后，他筹钱订货，然后联系到卖家，再下单发货，买卖越做越大。另类时尚、略带自嘲的"光棍衫"持续走红，给杨锐带来了丰厚的收入。

在常人眼里，服装不过是保暖遮羞的东西而已。但是随着社会进步、物质文明日益发达，人们的精神世界越来越丰富，对物质生活的追求更加注重品位、格调。以前商家卖衣服，抓住了情侣市场，如今"单身潮"来临，经济势头也要随之调转风向，这就是经济学中的"扩张路径"。"情侣衫"不是唯一选择,"光棍衫"应运而生,唯有跟随市场求变才能把握商机。

借助单身人士崛起及其强大的消费能力,消费市场也迎来了新的机遇。单身人士增加,带动了"单身经济"。尽管中国经济遭遇了很多波折,但是消费市场规模仍以年均10%的速度增长,居全球之冠。GDP三驾马车——消费、投资、净出口之中,消费占据的比例越来越高。

多方数据表明,中国社会已经迎来了有史以来最大的一波"单身潮"。目前,中国单身人口数量已接近2亿,随着单身人士的比例不断上升,满足标新立异、追求新奇等理念的产品会越来越受欢迎。

经济学解读

路径扩张是企业发展的必然选择,也是持续获得盈利的现实要求。科学合理的扩张可以让企业做得更大更强,并提高市场竞争力。

企业扩张的路径有单一化扩张、多种化扩张、一体化扩张、多元化扩张等形式。无论处于哪个阶段,无论选择哪种扩张方式,经营者都应该以增加企业拥有和控制资源的数量为手段,以提高资源利用效率、增强企业的赢利能力和竞争能力为标准,实现产品价值、商业利润最大化。

<<<

把单身腕链变成恋爱通行证——预期利润

消费支出依赖于未来的预期收入。

当单身人士成为一个庞大的群体时，恋爱就成了一个永恒的话题。诗人普希金曾经在诗中写道："我记得那美妙的一瞬，在我的面前出现了你，有如昙花一现的幻影，有如纯洁之美的精灵。"试问，有谁不渴望这般的爱情呢？不管是主动单身还是被动单身，他们都有找寻伴侣的渴望。

爱情是世界上最美妙的事情，追寻爱人是人的本能与权利。但是，今天人们彼此之间的联系在悄然发生新的变化，大部分时间被工作占据。

每天，人们习惯与机器打交道，似乎忘记了如何与人相处。特别是在大城市，人们彼此之间的交流更多只是停留在工作领域，个人生活的分享少之又少。在这样一种整体较为冷淡的交友环境中，去追求意中人变得非常困难。

陈典是一个比较腼腆的小伙子，在工作中结识了康宁。两个人有很多共同爱好，经常交流工作心得，分享生活趣事。陈典被康宁的活泼可爱、积极向上吸引，但是他非常羞涩，不知道康宁是否有恋人，又不敢去问，于是一直暗中苦恼。这爱意迟迟没有表达，直到有一天陈典听同事说，康宁被楼上公司的一个帅哥追到了，他才后悔莫及。

生活中，有过陈典这种遭遇的人很多。他们要么个性木讷，要么缺乏自信，要么错失良机，最后与意中人失之交臂，留下了深深的遗憾。遇到对的人却无法牵手，这对单身男女来说是无比心痛的一件事。然而，有人善于表明单身身份，与爱的人终成眷属，不但实现了心中所愿，还激发出了潜在的商机。

一位单身女生，一直暗恋一位优秀男士，但是苦于不知对方是否单身，所以一直小心翼翼，不敢越雷池半步。后来，她把内心的想法告诉了铁哥们吴志勤，希望得到帮助。

随后几天，吴志勤一直在思考如何帮朋友解决这个问题，直到有一天他看到电影中地下工作者通过特别的暗号接头，才有了灵感。他突然想到，为什么不通过特定的标志对外界暗示自己的感情状况呢？

萌生了这个念头之后，吴志勤便开始着手设计标志。2009年4月，吴志勤经过一番努力，设计出了第一款单腕链。他把这个创意告诉网友时，立刻得到了大部分人的支持，表示愿意购买。这让吴志勤看到了商机，不到两天的时间，他就收到了网友的500份订单，令人欣喜万分。

于是，吴志勤干脆辞掉原来的工作，开始专心致志做单身生意。经过网友口口相传，很快单身腕链的销量就突破了5000条。看到市场如此广阔，吴志勤充满信心，更加专注地做好这项工作。

通过市场调查，吴志勤发现单身腕链的风格要多变，因为这类特定消费者的性格、品位、追求都不一样，设计上不能一成不变，必须推陈出新。他把女款分为"时尚""优雅""可爱""智慧"4种类型，把男款分为"风度翩翩""聪明自信""运动阳光""成熟稳健"4种类型。这让外界可以从单身标志的风格上，区分佩戴者是哪类男生或女生，在"搭讪"之前，就有了一定了解，因此一经推出就大受欢迎。

随着单身腕链的热销，吴志勤冷静分析，并不满足于取得的成绩，认为单身男女还有更广阔的需求。2010年初，他又设计出了单身徽章，上面印有单身男女的网络ID，这样即使是在茫茫人海中擦肩而过，人们也能通过徽章ID在网络上与心动的人相会，擦出爱情的火花。

通过单身腕带和徽章等产品，吴志勤营造出了一个高效、低成本的交友氛围，被越来越多的单身青年追捧。

吸引单身人士的眼球，勾起他们消费的欲望，就要明确对方的诉求和欲望。比如，你准备开一间单身酒吧，在前期要做好市场调研。当然，这不是多发几张宣传单就能解决的问题，而是需要摸清消费群体的整体心理诉求，了解他们喜欢什么样的装修风格，偏爱什么口味的酒水，钟情哪种类型的音乐……这些都要在前期准备中体现出来。

当单身成为一种潮流，当恋爱成为一种诉求，蕴藏在背后的预期利润就颇为丰厚了。单身潮原本是一件让父母忧心忡忡的事情，但它又误打误撞促进了"单身经济"的繁荣。准备从单身族身上掘金的人，需要下一番功夫才能得到丰厚的回报。

经济学解读

单身人群的数量持续增大，的确带来了无限的商机。但是，任何商业投资都要以理性分析为前提，做好充分的准备工作，设定好预期利润目标。清晰的预期目标和利润设计方案，可以让投资者有的放矢。

对单身市场的开辟，有两种商业类型可供参考：一是单身消费型，比如为了迎合单身族对食品的快捷、方便、味美、营养、环保等要求，食品生产厂家陆续推出了一些新的保健食品和绿色食品；二是行业定制型，比如地产商特别为单身男女设计建造单身公寓、小户型房产。

第五章
消费层级：在花钱中实现个人保值增值

今天的单身人士通常会拥有更多可支配收入，并且倾向于关注自我和把钱花在自己身上。根据心理学家马斯洛的"需求层次理论"，金字塔的顶端是自我实现需求，单身人士在消费中的种种选择，无一不是在实现个人价值最大化。

单身族更热衷参加培训——价值投资

> 天上不会掉馅饼，企业主也不可能大发慈悲，工人工资的增长，只能来源于人对自身的投资，从而使素质提高，劳动效率大大改进。

"21世纪什么最值钱？人才！"虽然这只是电影《天下无贼》中的一句台词，却真实地反映了当下社会对人才的需求、对知识的尊重。今天，人们已经远远不能满足于学校书本上教授的知识，而是将目光投向更多求知领域，希望多方面、更高层次地发展自我。

在经济全球化和服务国际化的时代，教育培训行业俨然成了21世纪的朝阳产业，教育培训市场正呈蓬勃发展态势，成为经济领域的新亮点，正在向细分市场迈进。

单身人群正成为教育培训的庞大消费群，主要是价值投资理念作用的结果。价值投资理论创立者格雷厄姆说："我的声誉，无论是一直以来的，还是最近被赋予的，似乎全都与'价值'这个概念有关。但是，我事实上真正感兴趣的仅仅是其中用直观而且确凿的方式呈现的那一部分，从赢利能力开始，到资产负债为止……我从来不放在心上。最重要的是，我面向过去，背对未来，从来不做预测。"

在所有投资领域中，单身人士越来越意识到，只有投资自我，让自己变得更有价值，才是最划算的买卖。活到老、学到老，终身学习的观念开始流行。时代变化太快，生活节奏加剧，稍微一个不留神，一个人就有可能被时代抛弃。与已婚人士相比，单身男女拥有更多的可支配时间，没有太多负担，正是提升自己的绝佳时期。

高欣之前有一个男朋友，彼此很恩爱。男友很会照顾人，对高欣无微不至，而且他很聪明，能帮高欣解决生活、工作中的许多问题。可是，男友的父母不同意这门婚事，于是两个人最后选择了分手。

那段日子，高欣整天沉浸在失恋的痛苦中，甚至丢掉了工作，完全由父母照顾。两年后，高欣才从失恋中走出来，决定重新开始，好好生活，努力工作。但是，此时她才发现自己已经变成了一个适应力极差的人，不但生活自理能力不强，而且工作能力也没有锻炼出来。因为没有一技之长，高欣在找工作的过程中频频碰壁，饱受打击。

那段日子，高欣把自己关在家中，直到发现侄女每周六都去补习，才忽然有了继续学习的念头。"我现在一个人，什么事情都不做，而且还这么年轻，为什么不趁这个机会学点东西呢？"有了这个想法之后，她报了一个插花班，这是她一直以来的梦想，但以前只顾恋爱，完全没有学习的动力。

经过3个月的学习，高欣掌握了插花的技巧，而且更重要的是，她渐渐在学习的过程中变得心性平和了，对自己有了新的认识。恬静的高欣很适合这种充满艺术性的工作，于是在家人的资助下开了一家花店。虽然店面不大，但是她对生活充满了信心，整个人的气质都变了，重现以往的自信和开朗。

一次培训就能改变你的生活轨迹，这不是夸大其词，而是真实案例。人生需要不断充电，只有不断丰富自己，内心才不会空虚、彷徨。单身男女有充裕的时间和资金学习新知识、新技能，把握行业趋势，提升自身的含金量。

年轻的时候，人们对许多事物感到新奇，疯狂体验、消费，但是到了一定年纪，就应该理性规划未来的人生，注重提升自己的专业能力与素养。只有这样，人们才能获得更多发展机会，也容易在将来某个时刻遇到对的人，完美牵手。

小丽是一位已婚妈妈，婚前是一名公司会计。婚后，为了照顾孩子和家庭，她选择退居幕后，做起了全职太太。每天，小丽都早早起来给孩子和丈夫准备早餐，然后做家务。4岁的孩子还报了很多兴趣班，小丽要负责接送；回到家又要做饭洗衣，一直忙到深夜才能安稳睡觉。

每当听说哪个大学同学又升职加薪了，小丽就会心有不甘。上大学时，她也是一名优秀学生，而且当初她在公司很受器重，如果一直工作，现在肯定已经是部门主管了。于是，小丽想重新开始工作，但是她发现自己已经无法适应新业务了。事实上，会计工作本身就需要不断学习。怎么办？小丽准备报一个培训班，但是家务太多，她分身乏术，最终只好作罢。

学习是时代的必然要求，不学习的人终究会被社会淘汰。单身人士有更多自由时间，尤其需要制订科学的人生规划，清楚地知道自己需要什么，能够做什么。有的人纠结于在学习培训上花了钱，却没有太大用处；有的女孩认为还不如找一个有钱的老公，安安稳稳地过一辈子。忽视自身价值投资，这是一件非常可怕的事情。

在某种意义上，爱情是一种价值交换。把金钱和精力投资在个人能力和品位形象上，不仅会帮助你在事业上赢得一席之地，还会帮助你在爱情中觅得如意伴侣。

前两年大火的电视剧《欢乐颂》，里面的安迪和樊胜美就是生动的例子。安迪热衷于自我提升，把时间花在健身、学习上，在工作中做出业绩。而樊胜美的关注点是如何钓到金龟婿，然而优秀的男人更喜欢安迪这种独立自主、有能力的女人，樊胜美却总是遇到渣男。

现实很冷酷，也很公平，你付出什么就能得到什么。有人投资股票，有人投资房产，而最划算的投资是投资自己。单身男女必须拯救自我，对自己进行价值投资——参加各种培训，投资健康、美貌、文化品位、大脑。终有一天，你所投入的财富和时间，会以对等的价值回馈，甚至给你源源不断的回报。

经济学解读

　　为了获得收益，一个人在前期一定要做投资。单身男女要想获得长足发展，必须聚焦针对自我的价值投资。让个人价值最大化，需要精细的安排，认真地学习，让每一笔钱都能在将来获得更大的收益。在个人身上做的任何一笔投资都是必要且值得的，单身一族面临更大的生存压力、激烈的市场竞争，因此他们热衷参加各种培训就成为理性选择。

单身女性喜欢美容、健身——保值增值

> 我们的晚餐并非来自屠宰商、酿酒师和面包师的恩惠，而是来自他们对自身利益的关切。

许多单身女性收入高，是商家理想的顾客。与其他阶层相比，她们更有花钱的激情和冲动，只要东西够时髦、够奇趣，就会一掷千金。与单身男性相比，单身女性更愿意消费，并且更喜欢把钱花在美容、健身上面。

人生有三笔投资，不可不花：一是投资教育，帮助你掌握未来挣钱的本领；二是投资容貌，因为今天是一个看脸的时代；三是投资健康，因为无论何时身体都是革命的本钱。三项之中，单身女性尤其爱后两项，在这两方面的投资可谓大手笔。

女性的容貌并非保值产品，而会随着时间的流逝贬值。为了保持容颜不老，自古以来女性就做着努力。早在先秦时期，就有女子丹砂涂红的记载；至唐宋时期，女性着妆已不再稀奇，"浓妆淡抹""胭脂色泽""熏香四溢"等成了女性使用化妆品最好的佐证。到了今天，美容护肤更是和女性朋友如影随形，无论上班、下班、

路上、车里、商场、餐厅，女性都在追求以精致的面容出现在众人眼前。

为何女性这么爱美？究其原因有两方面：其一是主观上天生皆有爱美之心，每个人都有向往美好事物的心情；其二是社会的现实需要——在求职、求学、找对象方面，女性的容貌占据着重要位置。对于这一点，恐怕没有人反对。

今天，有才、有学识、有能力的人很多，特别是在中国这样一个人口大国，如何让别人一下子看到你、记住你，是一门学问。与学识相比，你给外界最直观的印象就是面容，它是帮助你吸引他人注意力的工具。然后，他人才会注意你的说话能力、脾气秉性，以及是否具备真才实学。当美貌成为一种资源，变得极具价值时，单身女性在美容方面投资自我，就变得很好理解了。

北京一家公关公司招聘专员，小李和小刘都是应聘人员。小李毕业于重点大学，品学兼优，在学校能力出众。小刘毕业于普通高校，学习传媒专业，在学校参加过很多社会实践。

单从能力上来看，两个人都很有实力，似乎小李更有优势。但是在当天短短一个小时的面试中，最终顺利晋级的却是小刘。原因何在？问题就出在外部形象上。

小李中等身材，样貌不算出众，微微泛红的皮肤上还有几颗青春痘，长长的头发随意扎成一个马尾，穿一身看上去没什么质感的套装，配一双平底鞋。而小刘样貌也很普通，却化了一个精致的淡妆，把头发扎成一个高马尾，不留一丝乱发，身穿白色衬衫配黑色束腰短裙，一双带有蓝色配饰的高跟鞋和衬衫的领结相得益彰。

试问，当这两个人同时出现在面试官面前，两人的能力看不出太大的差别时，谁会面试成功呢？答案不言自明。也许，小李在工作中能力更强，但是那不能被面试官一眼看出。在同等条件下，任何人都会选择更加赏心悦目的竞聘者。现在，越来越多的女性意识到这一点，所以才在个人容貌上加大投资。

爱好健身，似乎是男生的专利，但是现在越来越多的女生也加入到健身大潮中来。身体是革命的本钱，有了健康的身体才能容光焕发、干劲十足。经常健身的人，精神面貌超过常人，个人心智也积极向上。对许多单身人士来说，健身成了一种必不可少的活动。

今天，健身已经成为一种潮流，它对个人身形的塑造和气质的提升都有很大帮助。更重要的是，你可以通过健身拓展朋友圈，认识更多有趣有品位的朋友，与这个时代一起成长。

经济学解读

经济学中有资产保值增值一说，保值即保持保证原有的价值，增值即指在保持保证原有价值的基础上又有新的价值增加。单身人士越来越意识到个人保值增值的意义。

把眼光放在别人身上，越活越为别人活着，越活越不自信。反之，把钱用来投资自我，会让美丽常驻，让气质更出众，而这就是商机，就是赢利点。

聚会场合是单身者的天堂——规模收益递增

> 一个人只要领略过爱情的纯真喜悦，那么，不论他在精神和智力生活中得到过多么巨大的乐趣，恐怕他都会将自己的爱情经历看作一生旅程中最为璀璨耀眼的一个点。

在现代社会，女性的观念发生了天翻地覆的改变。今天的单身女性有自己的工作、事业、收入，经济上独立，人格上独立，不受男人的束缚，有强烈的自我支配意识。她们对生活有更高的要求，兴趣广泛，热爱社交。

单身，不代表任何时候都是独自一人；相反，比起已婚人士，单身一族更有热闹的自由。在家带孩子的家庭主妇很难抽出时间参加一次派对，即便是参加简单的同学小聚也并非完全能随自己心意。而单身的人就不一样了，他们拥有更多的时间支配权，完全没有后顾之忧。

英国《每日邮报》对多位专家进行采访，向众人解释了为何人们热衷聚会。英国雷丁大学研究人员说，从进化角度看，跳舞曾是人类祖先与他人建立联系的一种方式。很久以前，人类通过跳舞吸引配偶，那些身体协调性好、运动能力强的人往往具有一定优势。

对现代舞者的DNA检测也显示，这些人体内均携带与良好社交技巧有关的基因。英国牛津大学人类学家科恩说，类似聚会这样的集体活动还能让人产生新奇与快感，提升凝聚力。因此，集体健身、冒险等活动都会让人上瘾，欲罢不能。另外，与他人一起健身还会降低人身体上的痛苦感。

相比已婚人士，聚会更是单身者的乐园。单身的人对聚会的热衷程度更甚，主要有两种类型。一是典型的单身派对，又称联谊，是为了那些自己找不到配偶或交往对象的人所举办的活动。比如，牵缘网组织的单身男女交友旅游活动。有许多单身男女参加这种派对，希望寻找到合适的伴侣。

2017年4月的一个周末，北京海淀区双清路某酒店里聚集了来自北大、清华、人大、北师大、中科院等数十所京城院校的上千位单身年轻人。这一场声势浩大的真人版"非诚勿扰"，让参与者在4个小时内接触更多的异性，从而有助于打开缘分的大门。

这场盛大的单身派对究竟有多受欢迎？从到场的单身同学的着装上就能看出，女生盛装出席，有的还穿上了晚礼服，而男生则基本上穿着衬衫西装，看上去好像来到了招聘会现场。这里既有在校大学生，也有毕业后仍然单身的本科生、硕士生、博士生，还有人特意从几十千米外的郊区分校坐车赶来。

派对为单身朋友设置了许多增进关系的小游戏，"5分钟约会""非诚勿扰""大魔王游戏""黑暗约会"等，大家玩得不亦乐乎。"我是个性格内向的人，没有想到面对陌生人我竟然这么能说！"现场一位女大学生难掩兴奋之情。

"不想再做'齐天大剩'，我选择主动出击，再不主动一些，我的危机就越来越大了。"一位在读研究生说，自己到了适婚年龄，父母开始催，自己也有些着急，但是学业和找工作让人忙得团团转。单身派对很适合这些没时间谈恋爱的人，能让他们高效率地寻找对象。

除了这类为单身男女解决伴侣问题的派对之外，还有一类单身派对也深受单身人士欢迎，就是各种纯粹为了开心放松的聚会。潇洒自由、无拘无束是许多单身男女选择单身的理由，而与更多年轻朋友相聚，也是寻找快乐的有效方式。

28岁的佳明是一家公司的部门主管，他很享受下班后与同事聚在一起的时光，大家喝喝酒、唱唱歌，其乐无穷。有时候，他会邀请朋友和同事到家里开派对，大家在一起谈谈最近看了什么书、什么电影，生活中遇见了什么趣事。年轻人在欢乐的气氛中度过一个美妙的周末，这可不是已婚人士能够享受的。

"我喜欢参加各种聚会，因为在这里能够认识到更多有趣的人，并且还能够增长自己的见识，这不失为一个提升自我的好机会。"很多单身人士参加聚会，实际上是在给自己充电。越来越多的单身人士认为，与其宅在家里看无聊的肥皂剧，不如出去参加聚会，努力开拓眼界。

越来越多的单身人士热衷参加聚会派对，这就是商机。经济学上有一理论——规模收益递增。它是指某一产品或行业的净收益的增长速度超过其生产规模的扩大速度的现象或状态。当能容纳五六个人、十几个人的派对已经不能满足单身人的需要时，就需要扩大生产规模，用更专业的员工、专业的技术设备去运转派对，才能够保证规模效益。

经济学解读

规模经济，是由于生产规模的扩大而导致长期平均成本下降。如何最大限度地实现规模经济递增，这其中的影响因素有劳动分工、专业化、技术等。当规模扩大，生产会更加合理分工，更加专业化，会提高劳动生产率，控制成本，提高产量，确保收益增加。

在一些行业上，规模经济是很重要的一种降低成本、扩大利润的发展方式。单身一族是巨大的群体，代表庞大的市场，他们对派对的需求很大，此时正是发展规模经济的好时机。

<<<

玩具、宠物商店火爆——需求定律

让我们几乎回到原始人民的观点，他们主要是关心如何生产希望得到的东西，以及这些东西的直接用途，而很少注意交换和买卖。

与已婚人士相比，单身男女为失衡的心灵找回心理平衡的投资更多。单身男女的感情和事业更容易出现失衡状态，这时他们需要看心理医生、找朋友倾诉、买玩具熊或者养宠物。在工作中，单身一族承担很大的压力，回到家中渴望能够有人陪伴。这个"人"不一定是具体的人，玩偶或者是可爱的蝴蝶犬，都可以成为单身者倾诉苦楚、分享快乐的对象。

在日本，单身人士与独居老人在不断增长，与此同时，养猫的热潮兴起了。宠物店的幼猫价格3年内大涨六成，可见宠物猫有多么广受单身人士欢迎。这一流行文化甚至引发了"猫咪经济学"，电视广告和Youtube等视频有大量萌萌的猫咪，犹如明星般受人追捧。其中，一些高颜值甚至获过奖的幼猫身价大涨，稀有品种甚至能卖到百万日元以上。

事实上，日本以猫为主题的文化创意产品历史悠久，哆啦A梦、凯蒂猫和招财猫连中国人都耳熟能详。

以前常有人将狗与贬义词联系在一起，今天狗却成了炙手可热的大明星，越来越多的人饲养宠物狗，甚至根本不将其当作动物，而是将其当作朋友、子女来对待。这听起来似乎很荒谬，但这的确是当下单身人士的生活理念和方式。

黄灿是一名平面模特，平时喜欢旅游、运动，尤其喜欢狗狗。家中养了一只贵宾犬，名叫佳佳，2岁多，一出生就住在黄灿家中了。每个星期，黄灿都要带着佳佳去宠物店洗澡，甚至还会做SPA。

平时，黄灿给佳佳吃的都是高级狗粮，零食、钙片、美毛粉，对这些狗狗需要的物品，黄灿甚至会通过代购的方式从国外花高价购入。此外，佳佳还有狗尿布，价格和婴儿纸尿布相差无几。这样算下来，黄灿每个月在宠物狗身上的花费就超过了4000元人民币。这个数据也许让人惊叹，但是在宠物爱好者眼里不算什么。

单身人士养宠物是为了填补内心的空虚，需要宠物像家人一样陪伴在左右。为此，他们给予宠物尊贵的享受，甚至超越了朋友的待遇。宠物要洗澡，要美容，也要穿衣服。黄灿的宠物狗就有属于自己的小衣柜，里面满满地装着几十件衣服，有一些还是从国外定制的"亲子"装。

更有甚者，有人还会给家中狗狗雇保姆。每当主人不在家出差在外时，狗狗就会交给专人保姆照看。保姆还必须专业，懂得狗狗的生活习性，要有爱心，通常这样的保姆工资远高于普通保姆。

养宠物的理由有很多，有的单身男女希望把宠物当作一个良好的沟通桥梁，通过宠物认识更多的人。许多单身人士渴望有另一半，而如何寻找到合适的人是一个难题。通常男性都会喜欢有爱心、温柔的女生，而是否养宠物是一个有效的判断方式。在许多女性看来，愿意养宠物的男性通常有爱心和耐心，并且小动物会成为两个人之间感情的纽带。在缘分未到之前，至少还有一条忠心的狗相伴左右，它能帮主人脱单。

除了对宠物如此痴迷之外，单身人士也钟爱收集玩偶。普普通通的小玩偶在他们眼中就是一个个有生命的小家伙，是主人心灵的寄托，是孤独时最忠诚的伙伴。

小吴是一个东北姑娘，独自一人来到长沙上大学，毕业之后又到广州工作。背井离乡，远离父母朋友，让小吴感到很孤单。上大学的时候，妈妈给她买了一个凯蒂猫玩偶，让她想家的时候就抱抱它，希望它能够陪伴远在他乡的小吴。

从那以后，小吴就爱上了粉粉嫩嫩的凯蒂猫。各种各样的相关物品摆满了卧室，包括凯蒂猫的电器、装饰品、家具、包包、衣服等。也许很多人不理解小吴这种近乎疯狂的收集爱好，但是她最能体会凯蒂猫带来的快乐。

研究表明，有宠物的陪伴，人的睡眠质量会得到极大提升。一名丧偶独居的单身女性表示，当小狗睡在脚边时，她觉得更加满足。

随着单身人士对宠物和玩具的喜爱，宠物店和玩具店的生意也变得异常火爆，这就是经济学上所说的需求定律。在其他因素（非价格因素）不变的条件下，商品的价格和需求量之间呈反向变动的关系，即价格越低，需求量越大，价格越高，需求量越低。

经济学解读

单身经济市场带来巨大的消费人群，当你想要稳固这批人群，并且开辟新的消费市场时，你就要控制好产品的价格，只有合理的价格，才会刺激更大的需求量。单身的人对宠物和玩具的需求就在那里，如何将其注意力吸引到你的产品上，价格是制胜法宝。

男人喜欢买车，女人喜欢买房——保障投资

人类所能生产和消费的只是效用，而不是物质本身。

有一则新闻曾经引起广泛关注，题目为"中国人不愿结婚"。外国媒体分析，在中国，选择结婚的人在减少，既有人口老龄化、独生子女政策的原因，也和中国受教育女性群体的不断壮大有直接关系。女性接受教育越高，对婚姻的渴望就会越低，婚姻这座围城不再是她们获得安全感的唯一途径，她们有了特定的生活追求。

波伏娃①曾经说过："男人极大的幸运在于，他不论是在成年还是在小时候，必须踏上一条极为艰苦的道路，不过这是一条可靠的道路；女人的不幸则在于被几乎不可抗拒的诱惑包围着；她不被要求奋发向上，只被鼓励滑下去到极乐。当她发觉自己被海市蜃楼愚弄时，已经为时太晚，她的力量在失败的冒险中已被耗尽。"今

---

① 西蒙·波伏娃（1908—1986年），20世纪法国最有影响力的女性之一，存在主义学者、文学家。19岁，她发表了一项个人"独立宣言"，宣称"我绝不让我的生命屈从于他人的意志"。西蒙·波伏娃一生写了许多作品，被法国前总统密特朗称为"法国和全世界的最杰出作家"。

天，女性已不再攀附男性的绝对权力，无论是在人格上还是在经济上，都追求独立。

和男人喜欢买车以突显自己的地位不同，单身女性买房是对安定生活的一种投资，是对幸福生活的一种向往。

中国自古就有安土重迁的文化，不论历史如何变迁，大家对房子的需求总是那么迫切。在安居乐业文化的影响下，安居成了所有之本，不论男女都将目光瞄准了房产投资。即便是在中国房价飙升的今天，房地产行业依然火爆，房价居高不下也正是由于购房人群庞大。

长期以来，男性买房被看作是一件天经地义之事，而女性似乎不必承担购房的压力。但是这种腐朽的观念逐渐被打破，单身独立的知识女性不再被男权束缚，她们也拥有购房的经济实力。在这样的基础上，单身女性寻找伴侣会更加纯粹，是为了爱，为了幸福，而不是为了房子。

小杨和小李是从小一起长大的好朋友，两个人成绩都很优异。但是，小李的父母不重视学业，认为女孩子迟早要嫁人，读太多的书也没有用，以后找一个好婆家就行了。小杨的父母不这样想，他们一心一意培养孩子，希望小杨通过读书走出农村。

在这样不同的家庭环境之下，小杨和小李的价值观悄然发生着变化。小李沉浸在找一个有钱有房的老公的幻想中，而小杨则用心在学业上。最终，小杨考上了重点本科，而小李高中毕业后就在当地商场做了一名导购。从此，两个人的命运发生了截然不同的变化。

4年后，小李如愿嫁给了当地一个暴发户的儿子，并主动辞去工作，当上了无忧无虑的家庭主妇。而小杨大学毕业后，留在了杭州，进入外企上班。从此，小李在朋友圈里晒的都是美食、名牌包包、到处旅游的风景照，整天逛街喝茶消遣。而小杨埋头工作，兢兢业业，不断充实自己。

又过了4年，小李的老公有了外遇，执意离婚，将小李送回了娘家。曾经的大别墅，又变成了村里的小矮房，失去了有钱老公的支撑，小李的生活质量一落千丈。而小杨通过自己辛勤的努力，得到老板器重，已经升任为人力部经理。她年薪超过20万元，在杭州付了首付，购置了一套称心如意的房子，也吸引了众多优秀的爱慕者。

对比小杨和小李的不同命运，正如波伏娃所说的那样，人生太多事具有不确定性。对女人来说，为了让自己有资本活得更好，她们不应把赌注下在他人身上，而是要靠自己的努力找到安全感。实际上，这种独立自主的现代女性也是精英男士最欣赏的。优秀的男人不喜欢坐享其成、毫无追求的女人，有共同兴趣爱好、有专业能力的女人更有吸引力。

对单身女性来说，婚姻并非一件必需品。为了将来的生活有保障，买房成为她们的首要选择。单身女性没有可指望的婚姻，对未来的担忧会更多，因此想办法为自己购置保险的筹码。一般男性会中意带来更大活动空间的车，而女性更中意买房，以获得安全保障。

如果到了一定年龄，比如35岁以上，女性往往开始有意识地为养老做安排，会更愿意购买社会保障。在当代社会中，购置房产始终是一项最为稳妥的投资。女性对不动产有着天然的安全感需求，对于"有恒产者有恒心"有着本能的体验。更重要的是，亲手布置属于自己的房子，给自己一个安稳的栖息地，让女人更有安全感。

现实的数据在告诉单身女性朋友，购房势在必行。财经作家吴晓波说："现在经济增长在6%，叫作新常态，L型。中国每年M2广义货币的年均增加量大概在12%，刚好是一倍。那么每隔五六年，中国的货币会翻一倍。"

事实上，当城市化率达到30%时，一个国家和地区将进入一个经济高速增长的阶段，从农业社会进入工业社会，人口快速涌进城市，城市地价、房价会快速上涨。直到城市化达到70%，人口向城市迁移，房价才会进入平缓发展阶段，上涨趋于缓和。对单身女性来说，把握这些房产投资规律，无疑会提升不动产投资的科学性。

经济学解读

从理性经济学角度来说，单身买房更划算。因为婚后买房，两个人被看作一个家庭，要买第二套房子的时候，首付比例可能就提高了，贷款额度就会变少，比起单身时买房成本更高。

在通货膨胀的前提下，货币在贬值，所以即便是贷款买房也是一笔划算的买卖。受过良好教育的单身女性，不急于结婚，又有经济基础，付个首付购置一套小房产已经不再是难事。

只有ＡＡ制是不够的——经济规则

不懂得什么是个人利益而去谈论社会利益是徒劳的。

今天，"单身贵族"是一个令人向往的称谓，单身代表着自由、独立与尊贵。其实，这股热潮在历史上出现过，有着特定的背景和原因。

第一次"单身潮"出现在20世纪50年代，是受首部《婚姻法》的影响；第二次是在20世纪70年代末，知青们为了返程，纷纷选择离婚而引发"单身潮"；第三次是在20世纪90年代，改革开放引发传统家庭观念的转变，导致"单身潮"来临。现在，中国正在发生第四次"单身潮"，突出的特点是经济飞速发展导致女性自主意识增强，主动选择单身的女性明显增多。

单身女性，并非大门不出二门不迈的大家闺秀，而是有自己的社交活动，有自己的事业追求。在传统的观念中，异性共同出去吃饭、游玩，理所应当由男人付钱，这其实是一种男权主义思想。今天，单身女性已经不需要这种照顾。男人埋单并非天经地义，吃饭AA制已经得到许多单身女性的认同。

周小欧最近一年都在相亲，但是让他印象最深的还是晓莉。虽然他们是通过交友网站认识，并且只吃过一次饭，然而就是那一顿饭让周小欧念念不忘。

原来，晓莉在结账的时候主动要求AA制，这让周小欧很意外，也很感动。他说："并非我不愿意请客，而是女生的这一个举动，让我感到她很独立，很有教养，并且很体贴人。"

相亲饭局上，女性经常遇到是否要采用AA制的困惑。无论双方下一步如何发展，付钱的时候能够主动采用AA制代表了一种教养，也会让对方肃然起敬。此外，如果对方并不如你所愿，那么双方互不亏欠也会更加心安理得。

在消费中，除了AA制以外，单身女性还有许多自己的经济规则，体现着个人的价值观、为人准则。

◎购置不动产彰显人格独立

一个人只有经济独立才能人格独立，单身女性的独立性还体现在自己购置不动产。有了自己的独立空间，到了谈婚论嫁的时候，她们可以纯粹地以爱情为基础选择另一半，不至于因为房子失去话语权，甚至让自己委曲求全。

以平等的心态面对异性，真正实现人格独立，是女性内心深处的渴望。买了房的单身女性会给男性带来无形的压力，甚至让其产生畏惧感。这也可以解释，为什么买了房的女人其实更容易保持单身状态。不过，她们似乎并不在乎男人的眼光，更注重倾听内心的声音。

◎在消费中突显个人的品位与价值

单身的人喜欢超前消费，在大多数人选择国内游时，他们愿意多花钱去欧洲、日本来一次旅行；当别人还在购买商场里的国货品牌时，他们会不远万里花高价钱购买定制款、明星同款；当别人在开着中低档实用型汽车时，他们更愿意贷款买一辆拉风的甲壳虫。

还有一些多金单身人士喜欢投资艺术品，喜欢欣赏高雅音乐会，喜欢看画展，喜欢打高尔夫球，喜欢吃私房菜而不是大众连锁餐厅：他们的消费永远领先非单身人群。当然，他们在消费中也会体验到不一样的人生，让内心变得更加充盈。

◎永远爱自己，永远善待自己

随着网络购物经济兴起，越来越多的女性热衷于为自己买东西。显然，现代女性更追求内心的感受，"永远爱自己，永远善待自己"是许多人的生活理念。在消费中，单身女性完全主导了决策权，并充分享受这种消费的快感。

经济学解读

单身女性具备强大的消费能力，这充分体现了"单身女性经济"理论的合理性。在消费中，单身女性用经济权利发声，突显与男性拥有平等的地位。将大部分的钱花在自己身上，更多是爱自己的表现，是对心灵的关照。

<<<

让每一分钱都发挥最大效用——新节俭主义

过度奢华的装饰会很快毁掉一个强大、富裕的国家。

单身人士之所以被称为"贵族"，部分原因是他们收入较高，在消费上大手大脚。不过，这种消费习惯和消费理念也经常被人诟病。一味地超前、过度消费而没有节制，的确令人鄙夷。其实，在消费这件事上，许多人对单身男女有一些误解。

许多单身男女接受过高等教育，对金钱有自控力，能够理解金钱不过是一种工具，是如何让你更好生活的工具。作为理性的人，他们更加信奉"好钢用在刀刃上"的消费理念。

今天，中国人已经摆脱了物资匮乏的艰苦时代，进入了改革开放后物质丰富的新时代。当然，在这个转变过程中，在某个阶段，在有些人身上，确实出现了偏差——奢侈型消费，过度浪费，也带来了自然资源的浪费。现在，环保理念盛行，特别是单身一族更加崇尚过绿色生活，而新节俭主义正成为他们的理性选择。

新节俭主义倡导丰足不奢华、惬意不张扬的幸福生活。它是一种返璞归真，与曾经的小资、BoBo族①不同，这是一种更为明朗而积极的生活方式。在这种理念的影响下，单身男女理性消费，倡导环保，追求内心的平和，并且在为人处事方面与人为善、自在从容。

26岁的文文刚参加工作，月薪4500元。父母是双职工，尚未退休。凭借优渥的家庭条件，文文原本应该是个不折不扣的"单身贵族"，然而，她在生活中开支巨大，有时候甚至需要父母资助，根本存不下钱。

父母经常问她究竟把钱花在了什么地方，不用租房子，不用花费伙食费，为何4500元还不能满足一个小姑娘日常开支呢？用文文自己的话说，每个月都把钱花在化妆品、衣服、鞋子以及旅游上面了。

年轻女孩子爱美很正常，但是文文对护肤品、美妆产品近乎痴迷：看到新出的口红色号就要买，看到商场打折也要抢购。光是在这上面，她每个月就要花掉1000多元。而在买衣服这件事上，她追求品牌，非大牌不买。此外，她平时与朋友唱歌、吃饭，也要花费一大笔钱。

一个偶然的机会，文文听了一个理财讲座，意识到自己挥霍无度，太缺乏理财常识了。随后，她决定改掉自己的消费陋习。此后，文文每个月都做消费计划，细致规划购物时机和地点，再配合时间性和季节性采购，在衣食住行方面，也秉持节俭实用的原则。

---

① BoBo族（Bobos），也有人翻译为"波波族""布波族"。BoBo族是21世纪的精英一族，追求心灵满足是其工作的动力，并善于把理想转成产品。这群精英族，同时拥有70年代的被视之为波西米亚人的嬉皮及80年代的被视之为布尔乔亚的雅皮特质。

几个月下来，她不但省了钱，而且不再需要父母资助了，手上竟然有了盈余。

越来越多的单身男女开始注重利用好每一分钱，让辛苦所得花得更有价值。爱美是女生的天性，而且既经济便宜又实现爱美的愿望并不难。在穿衣方面可以反季节购物，既能做到最大限度地节省，又能买回心仪的衣服。

比如，羽绒服属于冬季必需品，而且款式基本上不会有太大改变，在冬天购买的确会有一些新款，但是价格十分高昂；为了降低支出，可以在夏天购置，充分享受极大的折扣。此外，许多衣服在每季新品上市和季末时，都会有打折促销。现在网络购物十分方便，而且优惠更多，在实体店看中款式和尺码，再去网上购买，能省下不少钱。

在吃喝方面，其实只要足够细心，就会发现很多食品店、餐馆都有折扣活动。附近面包房几点之后会打折，超市里什么时段进行促销，餐馆又发放了什么优惠券，还有团购、秒杀等方式都可以帮你节省资金。

在居住方面，单身一族通常会选择合租，平摊房租、水电费，还能自己做饭，的确会很省钱。即便不想和他人合租，单身男女也可以租面积较小的房子，经济实用。买房的时候，单身男女可以多注意楼市行情，注意购房的旺季、淡季，这样省下的钱也很可观。

在出行方面，现在已经有很多经济方便的方式，比如地铁、共享单车、滴滴打车。有些超市商场还会给小区居民提供免费通勤车，这也是不错的省钱秘籍。在旅行中选择航班的时候，旅行社在组团之前需要提前预订航班机位，这让旅行社的经营存在一定风险。比如预定25个机票位，每个机票位需要根据路线长短支付预付款，如果游客人数不够，则要扣除预付款；于是，当游客上座率较低时，旅行社会大幅降低团费，留意这些情况会省下一笔钱。

也许有人会嘲笑这种生活方式：挣那么多钱还缩手缩脚，未免也太寒酸了吧！虽然经济发展了，收入提高了，但是钱不够花的情况还是很普遍。在奉行新节俭主义的单身一族看来，无止境的欲望只会将人吞噬，而且只不过是买了一堆根本无用的东西。单身是为了享受更自由的生活，让心灵更自在，舍弃多余的物质需求，让生活简单轻松，是新节俭主义的应有之义。

中国本身就是一个崇尚节俭的国家，"勤俭节约""艰苦奋斗"等理念深入人心。虽然现在物质丰富了，但是铺张浪费、虚荣消费已经变得越来越不得人心。即使是收入不菲的单身贵族，在花钱上也要精打细算，物欲横流中更要坚守一份内心的平衡。这不仅能省下一大笔资金，还是个人品位的展示。

经济学解读

新节俭主义是对过度奢华的摒弃，是尝试为快节奏城市生活带来的沉重心理负担减负的方式，是一种轻松快乐的"简单生活"。

奉行新节俭主义的单身男女，追求的是在不影响生活品质的情况下，花尽量少的钱来获取尽量多的愉悦。在消费上秉持适度理念，已经成为新时代大力倡导的生活方式。

‹‹‹

>>>

第六章
博弈论——三十不嫁，不婚族的经济看板

《单身社会》一书的作者克里南伯格说："我们的社会已经从一个保护人们免受伤害的社会，转变成了允许人们将自我表达最大化的社会。"今天，单身男女享受着最宽容的社会文化、最丰富的消费服务，也最大限度地成就了自我。

三十岁，获得持续赚钱的能力——财富状况

财富的生产力比之财富本身，不晓得要重要多少倍。

三十岁是人生的一道坎儿。二十多岁的时候可以仗着年轻肆意妄为，可以挥霍青春，但是到了三十岁就要学着成熟，并开始思考未来的人生。

在传统社会中，许多人无论自愿还是被迫，在三十岁之前就走进了婚姻这座"围城"，开始为"五斗米"折腰，谈论的话题变成了"柴米油盐"，生活范围变成了自己的小家庭。

然而，伴随着中国城市化浪潮，越来越多的年轻人不再固定于某个城市、某个单位、某个行业，人口流动加速导致他们不再过早步入婚姻的殿堂。年轻人有自己的追求，有自己的理想，拼尽全力让人生变得异彩纷呈。

从另一个角度看，选择单身的人是在进行一场赌博，赌赢了就是大家称羡的人生赢家，赌输了也无所谓，起码努力过了。在进行这场"赌博"之前，你至少应该给自己想好退路，在经济上独立。任何时候，解决生存问题才能谈更高层面的发展。

大学期间，李响成绩优异，是很多同学美慕的对象。毕业后，他进入公关公司上班，确实取得了不错的成绩，在外人眼里过着光鲜亮丽的日子。但是到了三十岁的时候，李响开始变得力不从心。一方面，每天繁重的工作压力和复杂的人际关系让人喘不过气来；另一方面，公司的新人表现出强劲的战斗力，让李响感觉到竞争压力，因此有些迷茫。

在公司里，事业空间上升有限，李响预定的奋斗目标没有实现。虽然家人一再催促，但是他还是不想结婚。每年进入公司的新人都很有想法，活力四射，这让李响感觉自己有点落伍。年轻人可能只需要几分钟就能想到创意或者解决问题的方法，他却需要一个小时甚至更久才能想到。李响清楚地意识到，自己之所以还能坐在现在这个位置上，只是因为经验丰富，如果失去了这个优势，自己很快就会被淘汰。

在职场上，很多人靠着年龄优势和高强度工作占据一席之地，如果不能在工作中有所突破，或者整个公司有跨越式发展，那么未来的路就会越来越艰难，让人看不到希望。这种焦虑困扰着许多人，尤其是广大单身人士。

当年龄优势不再，手中积蓄也不多，而且还未结婚生子，来自各个方面的强大压力就会接踵而来，让人无法呼吸。像李响这种情况，他并非贪图一时的成功与财富，只是面对现实的压力，不得不有所顾虑，进而一再推迟婚龄。

此外，今天的年轻人普遍存在超前消费、透支消费的行为，借助信用卡把明天的钱花了，手上反而没有多少积蓄。超前消费往往是对个人收入状况过于乐观，认为未来有能力获得较高收入，一定能够弥补现在透支的金钱。然而，人生总是事与愿违，没有自己想象的那么理想，这导致个人财富状况江河日下。

现实生活中，单身贵族不是那么好当的，许多人保持单身更多是出于无奈。单身男女迟迟找不到中意的人，往往是因为囊中羞涩，个人财富状况不理想，这让当事人向喜欢的人大胆表白缺少了足够的底气。

在一个现实的世界中，个人财富状况无疑是谈恋爱、结婚、生子最大的底牌。现实的压力及对未来的预期超出了自己的能力范围，那么单身男女就会选择继续等待，或者放弃眼前触手可及的恋情。随着年龄逐渐增大，如果个人财富状况仍然不见起色，那么单身男女的心理焦虑就会持续增加。

其实这也不难理解，越是优秀的人越聚集在现代化的大都市中，年轻人在这样的环境中追求优越的生活和理想的伴侣，会变得异常困难。一个人有了更大的视野、更高的目标，会主动提升自我，期待遇到更好的伴侣。然而，个人财富增加并非与年龄增加成正比，职业发展、自我提升受限，无疑会影响个人财富获取能力的提升。

在一家销售公司就职的张松已经29岁，赶上市场行情不佳，月收入持续恶化。前两年，他凭借丰富的经验取得了不俗的业绩，攒了一笔钱，准备买房结婚。但是，市场行情突变，房价持续上涨，这让他变得越来越迷茫。

本来想百尺竿头更进一步，但是遭遇大环境变化，他只有以稳为主。公司的一些年轻人比张松更有活力，更有想法，这也是一种无形的压力。他陷入了一个两难的境地，必须突出重围才行。

多年不见的高中同学打来电话，对方在一家网络营销公司做事，市场业务发展很快，急需优秀人才。老同学想到张松一直从事销售工作，于是盛情相邀。凭借丰富的销售经验，张松果然被录用。

在新公司，得益于老同学引导，加上自己勤奋努力，张松很快进入角色，再次迎来事业发展高峰。当然，伴随着优秀的业绩，他的收入也水涨船高，个人财富状况大为改观。

"三十而立"并非一句虚言，一个人到了三十岁，就应该具备丰富的专业经验，步入事业发展的正轨，并在个人财富上有较好的前景。三十岁的人即使没有结婚，也应该具备结婚的能力，在物质上不至于捉襟见肘。

对单身男女来说，三十岁时无论投资理财还是其他事情，都应该做好防范风险的准备，获得持续赚钱的能力。做事脚踏实地，学会瞻前顾后，做最好的准备，也要做最坏的打算，这样在生活和工作上才能成为真正的赢家。

经济学解读

三十岁是一道坎儿，迈过去了，今后不一定就能保证顺风顺水，但是至少不会有大风大浪；迈不过去，或者被绊倒了，就会变得力不从心。

　　随着年龄的增长，需要思考的东西开始变得越来越多，你再也不可能像年轻的时候单凭意气和冲动做事。你永远不知道明天会发生什么，在三十岁这个刚刚好的年纪获得持续赚钱的能力，才能实现真正的经济独立，为人生加分，避免遭遇进退两难的尴尬。

<<<

为什么一线城市单身的人越来越多——看不见的手

> 这个世界的任何商品，其价值都是因为有人争夺才产生的。

英国经济学家亚当·斯密在《国富论》中提出了"看不见的手"这一命题。这一命题主要描述个体在经济生活中只考虑自己的利益，受"看不见的手"驱使，即通过分工和市场的作用参与市场竞争，最终实现国家富裕。

从现代市场经济角度来看，"看不见的手"是指市场根据自身发展规律对各种要素进行相应的调节，从而实现经济效益最大化。也就是，这种调节不是人为干预，不同于政府调节这种"看得见的手"。

无论产品生产、流通、消费，还是人口、婚姻，都受到市场这只手的引导。对中国城市化进程中伴随的单身人群骤增，我们也要从市场角度去理解。

近年来，中国自愿单身的人数呈逐年上升的趋势，而这也造成了将近六千万的独居人口。在职场中，单身的人占三分之一左右。从城市划分来看，一线城市的单身比例有四成之多，远高于二三线城市。

一线城市单身比例高，原因有很多，但是其中最关键、起决定性作用的是思想和经济这两只"看不见的手"。

◎**一线城市开放、包容，单身成为一种自由选择**

在聚集效应的作用下，一线城市不仅人口密度高，而且人口受教育程度高。在生活理念上，这里也最开放、最包容。在广大农村和小城市，一个人到了一定年龄还不结婚会遭遇强大的压力。但是在一线城市，没有人关心你是否结婚，或为什么还保持单身。

很多人发现，身边的亲戚朋友结婚以后，生活质量似乎并没有得到相应的提高，反而会因为家庭琐事和儿女的各项费用陷入无奈。而且对女人来说，结婚生子甚至会影响个人事业的发展。因此，越来越多的人不急于结婚。

特别是一线城市的工资水平相对较高，很多人尤其是女性不再像以前一样需要靠结婚来获得生活保障，因此更愿意享受单身的自由与快乐。这样就会产生一种状态，即对婚姻保持一种敬而远之的心理。很多人认定，除非遇到真心相爱、理解并包容自己的人，否则绝对不会走进婚姻的殿堂。

从人际关系的角度看，生活在一线城市的人大多把精力放到工作和事业发展上，没有传统熟人社会的烦恼。因此，许多人虽然过了三十岁还没结婚，但是不会迎来周围人们异样的眼光。相反，如果在农村或小城市，他们往往得不到理解，心理上要承受巨大压力。

◎**一线城市消费水平高，加大了结婚生子的成本**

经济发达、消费水平高是一线城市的主要特征，除了享受这里的高薪水、便利生活外，人们还要承受高昂的生活成本。一线城市的收入水平和消费水平是成正比的，甚至消费水平是高于收入水平的。而结婚需要房子、车子，结婚之后还要考虑养老和孩子的费用，这些成本放到一起无疑是一个天文数字。

以房子为例，如果是一个中等收入的白领，那么月收入可以达到1万元左右，年薪大概是12万元。然而，一线城市的房价平均达到每平方米5万元，买一个80平方米的小两居需要400万，首付就需要100万～200万元，后面还要每个月负担1万元左右的房贷，至少20年甚至更久才能还清。

如果是结婚的人，他还会有各种支出，生活压力也随之变大。以前单身时候还可以偶尔出去旅行，结婚之后迫于贷款的压力，或者有了孩子，他一年能出去旅行一次就算不错了。而且中国人的传统观念很重，虽然现在很多年轻人尝试租房子结婚，但是更多的人要求先买房后结婚，因为买不起房而分手的案例数不胜数。随着年龄增大，一个人过了30岁还保持单身也就很普遍了。

既然这样，一个人也可以生活得很好，而且工作起来减少了更多负担和顾虑，为什么还要急于结婚呢？于是，许多人索性享受单身的自由，专注于提升工作能力，增加收入。显然，市场这一"看不见的手"在影响人们的婚姻观、爱情观，那些在财富上处于劣势的人大多推迟了婚龄。

从社会学角度看，大量单身男女晚婚晚育，是不正常的现象，甚至已经成为一个严重的社会问题。在充分竞争的社会环境中，政府显然无力干预单身男女的婚姻问题，与谁结婚、什么时候结婚更多取决于当事人的选择。

在世界各地，单身人口持续增加，已经成为一个社会性难题。日本人口老龄化严重，政府鼓励年轻人结婚生孩子，但是越来越多的人不愿意养育孩子。在中国，政府放开二胎政策，但是一线城市里巨大的生活成本让许多想生二胎的人望而却步。无疑，这里单身的群体也持续增加，既有主动选择的结果，也有被动单身的无奈。

经济学解读

一线城市出现庞大的单身人群，经济原因只是一种外在的因素，起决定作用的还是人们的思想观念。年龄越大，人们的想法越多，甚至到了一定年龄就会认为婚姻这件事可有可无，就不在乎了，这显然是不可取的。

作为社会中的一员，即便只是为了自己，你也应该时刻做好告别单身的准备，并为之努力奋斗、认真计划，不要把目标定得太高，并结合自身的条件提早找到爱的人。现在，二三线城市的幸福指数比一线城市更高，恰恰说明不懂得做出改变的人会活得更累。

择偶也要看"本钱"——效用曲线

供求决定售价，售价决定成本。

电影《嫁个有钱人》讲述了平凡女孩儿阿咪，无意中得到了一本从天而降的书《玻璃鞋》，于是她希望自己可以像灰姑娘一样穿上水晶鞋嫁给王子。后来，她假扮有钱人偶遇了阿诞。随后，两人一起在米兰度过了一段难忘的快乐时光。

有一次吃完晚饭后，阿诞消失了。原来他只是一个修车的，也在假扮有钱人。但是，最后两个平凡的人终于还是坦诚相对，终成眷属。

电影当然是虚构的，但是艺术都源于生活，现实中必然有这样的人，只是结果不一定有电影里那么好。

抛开最后的喜剧结尾，从现实角度来看，男女主角的择偶标准其实是很普遍的，但是又有些不切实际。今天，很多人反对传统的"门当户对"，认为新时代下应该主张自由恋爱，真爱至上，所有的家世背景都不应该成为真爱的阻碍。这的确值得称道，但是双方讲究势均力敌也没有错。

相信真爱无可厚非，但是应该从自身实际去考虑，为了梦想中的生活必然要付出相应的努力。比如，你希望爱人达到什么水准，那么你自己也应该达到那样的高度，具备相应的本钱。单身男女来要想找到爱的人，就必须审视一下择偶标准与自身的条件是否匹配。

在经济学的消费理论中有三个重要概念：效用，也就是某件货品在你心目中的重要性；无差异曲线，也就是所有可产生相同效用的产品组合；预算限制，也就是你手上的钱，最多可买到的产品组合。

比如夏天来了，你想买一台空调降降温，这就是效用；同样可以降温的还有电扇，但是效果不如空调好，这就是无差异曲线；最后，决定你买电扇还是空调的因素是现在手里有多少钱，这就是预算限制。

择偶也是一样的道理，假如一位单身男士想找一位漂亮、有钱、善良、持家、有教养的女孩做爱人，那么这种要求往往不现实，因为这种女孩大多只存在于想象中。在现实世界里，任何一个女孩总会有某些方面的不足，这时候就要有所取舍，是选择漂亮一些却没教养的，还是选择持家而不漂亮的，或者是有钱却不善良的，这些对你来说在可接受范围以内的对象，就构成了一个无差异曲线。当然，划出无差异曲线只是开始的第一步，能不能找到自己心仪的对象，关键还取决于最后一项——预算限制，也就是你自身的条件。

在商店里，有时候你不能买到需要的东西，不是因为缺货，而是因为手中的钱不够。如何用有限的钱买到最需要的东西，实现预期目标，这是消费理论的精髓。经济学把它称为效用最大化的消费组合，一方面你感到满意，另一方面又能消费得起。

具体到婚姻市场上，会出现两种结果：一种是高不成低不就，只好继续保持单身，继续寻寻觅觅；另一种是勉强将就一下，随便找个人结婚算了，不再考虑是否符合内心的完美标准。

当然，在这两种比较极端的结果之外，还有另外两种情况。一种是取舍，即自己的本钱只有这么多，自己能买到的东西也就这么多，最后只能选择自己最看重的要素，而放弃自己觉得不那么重要或者不起决定性作用的要素。另一种就是通过自身的努力，增加个人的本钱，当你的本钱越多，你所能选择的效用组合就越多，并且越好。

除了以上几点，还有很重要的一点就是自我评价。通常，人们倾向于对自己评价过高，导致在婚姻市场上的择偶标准过高，超出了自己的实力范围，结果自然无法找到合适的结婚对象。

回到开头所说的电影《嫁个有钱人》，男女主角之前互相欺骗，但是最后还能走到一起，虽然是电影故意追求皆大欢喜的结果，但最重要的还是双方都是普通人，都来自普通的家庭：一个是送煤气罐的，一个是修车的。从身份地位来看，彼此符合"门当户对"的原则，因此最后终成眷属就在情理之中了。

纵观一些艺术作品，《梁山伯与祝英台》应该算一个悲剧，而《西厢记》里张生和崔莺莺这对才子佳人能在一起，最后还是因为张生考中了状元，身价不菲。这再次说明，择偶和结婚要看

"本钱"。

所以，想要告别单身，不要总是抱怨自己身边没有自己喜欢的或者条件合适的人，而应该反思一下自己，客观地审视一下自身的条件，根据自身的条件去选择和取舍。如果不甘心取舍，就要努力提高自己，增加自己的本钱。

经济学解读

所有商品的价格都不是随便定下的，而是根据商品自身的价值确定的。同样，决定你能买到什么样的商品不是价格的高低，而是你口袋里的钱。要么选择得过且过，要么选择最大限度地合理消费，物尽其用。在有限的本钱基础上合理取舍，尽量选择自己最想要的合适商品，才是明智之举。

当然，人生最理想的状态就是能够坚持自己的追求，为了特定的目标努力提升自我。对每个人来说，这样的人生更有价值，这样的生活也最理想。

"钻石王老五"为何做不婚族——逆向选择

用货币来衡量动机，还有几种其他的限制要加以研究。

通常，市场是一个优胜劣汰的过程，即物美价廉或者质量好的商品将质量一般甚至劣质的商品淘汰。但是人心难测，有时候出于某种心理的影响，一切规律都有可能被打破甚至颠覆。

"钻石王老五"，听上去有一种暴发户、土大款的感觉，可以肯定他们是多金的。按照常理，这类人不乏爱慕者或追求者，即便在同性看来也值得艳羡。如果他们选择不婚，保持单身状态，在常人看来就有些匪夷所思了。

在现实世界中，人们更多考虑自己的利益。当越来越多的人在一段婚姻中把房子、车子放在重要位置的时候，那些拥有巨额资产的人开始对情感与利益的识别变得困难起来：既然你这么看重物质利益，那么我如何区分你的感情是否纯粹、可靠呢？

面对爱慕者、追求者，拥有巨额资产者变得谨小慎微，甚至因为以前在这方面有过失败的教训而不再轻易开始新的感情。于是，有些有钱人干脆游戏人间，不把感情当一回事了，过着新人胜旧人的奢靡日子；而另一些有钱人则洁身自好，宁可单身，也不想陷入这样的纠纷或者麻烦。于是，各方面条件俱佳，但是保持单身的"钻石王老五"就出现了。

"钻石王老五"保持单身，并非不渴望恋爱或婚姻，而是期待遇到对的人，等待一段真感情。他们这种行为，在经济学上可以称为"逆向选择"。

所谓"逆向选择"，是信息不对称造成市场资源配置扭曲的现象，经常存在于二手市场、保险市场。它与信息不对称、机会主义行为有关，却超出了这两者所能够涵盖的范围，主要是市场机制、制度安排出了问题，造成市场资源配置效率扭曲。

对"钻石王老五"来说，保持单身是一种被迫选择的行为，不是主观意愿。换句话说，他们也是受害者。婚姻市场功利性太强造成沟通与信任机制失灵，造成了"钻石王老五"成为不婚族的尴尬局面。

孟飞是一家大型连锁超市的高管，今年35岁，有车有房，而且有学识有涵养。虽然条件优越，魅力四射，但是他至今保持单身。在公司里，很多年轻女孩都明里暗里对他表示过爱慕之心，但是孟飞始终不为所动。对此，很多人都不理解。

后来，一位财务主管，也是孟飞的大学舍友，透露出了事情的原委，大家才恍然大悟。原来，孟飞与前女友是在上一家公司认识的，当时孟飞已经成为部门主管，虽然还算不上成功人士，但是至少也是年少有成了。凭借良好的家庭背景和帅气的外表，很多女孩对他产生了爱慕之情。

然而，前女友是一个爱慕虚荣的人，平时花钱大手大脚，喜欢跟风买各种奢侈品，参加各种聚会。结婚之前，她竟然跟公司的经理走到了一起。孟飞知道了这件事以后，试图与前女友沟通，但是对方一度认为孟飞会主动提分手，干脆恶人先告状，开口闭口索要青春损失费。

至此，孟飞彻底死心了。他快刀斩乱麻结束了这段关系，对男女感情之事再也提不起兴趣。于是，他一个人过了这么多年仍然保持单身。

也许会有人觉得这样的故事很荒诞，只有狗血言情剧里才会出现，但是现实往往比小说更精彩。很多优质人士有的经历过失败的婚姻，有的看到过太多身边朋友的失败婚姻，最后对人生失去了信心，对婚姻干脆敬而远之。

你不能怪谁，只能说这个社会有其残酷的一面。就好像古代那些仕途失意最后选择归隐山林的名流隐士一样，我们从他们的诗作里可以看出，虽然他们口口声声说独居的日子多么悠闲自在，但是心中对入世往往有着热烈的期盼，只不过对现实太失望，已经心灰意冷了。自己一个人就能过得很好，为什么要去惹一身麻烦呢？

尽管人生有许多无奈的地方，但是我们仍然要努力发现它的种种美好。对"钻石王老五"来说，选择单身无可厚非，但是始终相信爱情才是生命的真谛。即便当下没有对的人出现，那么你也应该对未来充满信心，善待身边每个有缘人。

◎不让婚姻成为人生的一道枷锁

每个人都向往自由，身处婚姻的人也不例外。男人都希望抛开繁忙的工作，可以有时间发展自己的兴趣爱好，女人也想有许多独处的时间。所以，即便你们一起生活，对另一半有更多依赖，你们也要理解对方这种愿望，并懂得给予相应的自由空间。

"钻石王老五"不必对婚姻产生恐惧感，既要浓烈地爱对方，也要懂得给予对方自由。正如美国现实主义作家亨利·詹姆斯所说："和别人相处要学习的第一课，就是别干涉他人寻找快乐的特殊方式，如果这些方式并没有对我们产生强烈妨碍的话。"

◎男人和女人是两种截然不同的生物

男人和女人好像来自不同的星球，是两种截然不同的生物。他们从出生开始便存在着巨大差异，并且这种差异是无法调和的。当男人和女人选择在一起之后，如果他们希望双方拥有相同的思想、相同的看法和相同的意见，这是不现实的，也不会受到欢迎。

有的"钻石王老五"不善于与异性相处，因为双方不可调和的差异而产生各种苦恼。安德瑞·摩里斯在《婚姻的艺术》这本书里面曾经说："没有一对婚姻能够得到幸福，除非夫妇之间能够相互尊重对方的差异。""相爱容易，相处太难"，既然遇到对的人并决定在一起，那么就要做好准备，认真过好每一天。

经济学解读

逆向选择反映的是一种扭曲的消费价值观，是不利于市场正常发展的。真正有价值的东西被淘汰或者置之不理，价值不大或者没有价值的东西反而被追捧，这本身就是一种倒退，是对追求卓越的一种打击。

　　一个目光长远的人，应该学会"特立独行"，不盲目跟风，在提高自身质量的同时，选择高品质的生活，让自己尽量远离劣质的人生。如此一来，你才能告别单身，寻找到有价值的人生伴侣。

<<<

找个对象，还是养条狗——替代品

竞争可以是建设性的，也可以是破坏性的：即当建设性的时候，竞争也没有合作那样有利。

没有对象的时候，单身人士看着别人成双成对很羡慕，心里会觉得孤单落寞，就连吃饭也无缘情侣套餐。在单身人士看来，就连光棍节都被情侣秀成了情人节，让人不得不怀疑这个世界对自己充满了敌意。单身人士渴望找到伴侣，也许不为别的，只是为了排遣随时悄然而至的孤单。

可是，有了对象又能怎样呢？一开始的时候，两人如胶似漆，一日不见如隔三秋。但是时间一长，两个人身上的各种缺点就会暴露出来，或者因为太熟悉失去新鲜感，开始怀念当初的单身生活。找个对象的代价是，你要放弃单身的自由。

生活本来的样子是，两个人熬过了吵架的日子，一切归于平淡，没有电视剧里跌宕起伏、动人心魄的情节，只有柴米油盐的琐碎。至于能否结婚，无非是挺不过去便选择分手，然后各奔东西，去寻找下一个怀抱；挺过去了就领证生孩子，过完余生。

在爱情快餐时代，有的人吃腻了，放下一段感情之后无法再捧起另一个人，厌倦了从头开始一段新感情。对他们来说，找个对象告别单身不如养一个宠物陪伴左右，起码彼此不会爆发歇斯底里的争吵。这是许多人单身的一个重要原因。

胡平与陈楠是高中同班同学，后来又上了同一所大学。高中时代学习紧张，两个人只是模糊地记得有这么一个人存在，彼此并不熟悉。在大学老乡会上，两个人相遇，才开始深入了解对方。

三个月之后，两个人互生好感，确立了恋爱关系。胡平是一个比较传统的男生，想的是就谈一次以结婚为目的的恋爱，并不是出于孤单寂寞或者其他什么目的。而陈楠也是看重胡平踏实沉稳的个性，才选择在一起。

大学恋爱期间，双方有过欢笑，也有过争吵，但是都度过了艰难的时刻。然而面临大学毕业的时候，两个人终究选择了分手。原来，胡平选择回老家发展，因为他是独生子，需要照顾父母；但是陈楠是一个好胜心强的姑娘，想趁着年轻的时候在大城市闯一闯，甚至考虑以后在大城市落脚。于是，一对有情人各奔东西。

分手以后，胡平沉寂过一段日子，精神状态不佳。后来，家里给他安排相亲，同学帮着介绍对象，但是他始终无法忘记陈楠。唯一留在身边的，是前女友养的那只波斯猫。而陈楠选择了在大城市里打拼，也许追求成功已经成了她唯一的人生目标，只是在闲暇之余她偶尔会想起与胡平在一起的美好片段。

在感情的世界里，永远没有对与错。能够走到最后，是今生的缘分；如果选择分手，那是修行不够。当年轻不再，心似乎也在老去，能够带来精神慰藉的是一个合适的替代品。或者是养一只宠物，或者是学习一门乐器，或者找一个新人替代心中的影子。

经历了感情的创伤和心灵的折磨，人们急于找一个替代品抚慰自己，希望在孤单的日子里有东西陪伴。痴情的人忘不了旧人，选择一个人单着，习惯把宠物狗当作伴侣，恰恰是因为走不出情感的牢笼。

有的人放下过去，寻找新的生活，比如到各个地方旅行，去看不同的人和不同的风景，发现人生的意义，找到自己到底应该追求什么。在自由的旅行中，人看似很快乐，可能心更孤单了。

从经济学的角度来理解，两个互为替代品的商品甲和乙，假如甲的价格上涨，那么乙的需求量就会随之上涨，导致甲的市场萎缩。自由选择的市场经济赋予消费者最终决策权，他们选择价格更低的商品，或者因为消费偏好发生变化而选择替代品，引起市场格局变化。

在人生这个棋局中，当喜欢的人远去，或者无法获取一段真挚的感情，人们会寻找情感的寄托。有的人选择新的爱人结婚生子，过上安稳的日子；有的人因为旧情难忘而等待类似的人出现，暂时过着形单影只的生活。

◎做理性的经济人，才能更有效率

人生怎么能没有遗憾？总有一些东西，超出了我们的掌控。如果我们不能接受、适应眼前的现实，整天沉浸在痛苦中，对任何人来说都是一种不负责任。在快速变化的世界里做理性的经济人，才能快速治愈心理创伤，让人生更有效率。

不可否认，人是一种群居动物，但是许多事情你终将独自面对，没有人可以帮助你。面对爱人远去，悲伤之后选择面对新的一天，人生才能变得更有价值。

◎生命只是一场体验，没有谁是谁的永远

拥有的时候感觉不到可贵，失去了才感到珍惜，这是人之常情。那些远离我们的人，有的带走了美好的回忆，有的带走了曾经的友谊，有的是痛苦的分离，对当事人来说是沉重的心理打击。

恋人之间无法长长久久在一起，最后选择分手，那种撕心裂肺的疼痛令人难过。更难以适应的是一个人的日子，不习惯独处的时光。对每个人来说，"学会告别"都是一门必修课，请认真学习。

经济学解读

商品经济时代讲求的是效率，无论什么东西都追求快，就连感情都逃不过。当自己已经尽了全力而仍然无法获得某些东西的时候，不妨把视线转向别的地方看一看，也许会有更好的人和事在等着你。

<<<

那些独身者的价值观——最优决策

平等和效率的冲突是最需要加以慎重权衡的社会经济问题，它在很多社会政策领域一直困扰着我们。我们无法按市场效率生产出馅饼之后又完全平等地进行分享。

生活中，相当一部分独身者之所以选择做不婚族，是因为他们综合分析了各项利弊之后，结合自身价值理念做出了最优选择，即独身一辈子。在他们的价值观里，有了对象和家庭会增加各项开销，情感上也会失去很多自由的空间；而对象和家庭所带来的各项优势，他们也能找到相应的或者更好的替代品。既然可以通过从其他事物上获得对等乃至超过对象和家庭所带来的价值，那么独身就成了一种最优选择。

与独身者接触之后可以发现，虽然他们没有伴侣，但是他们在精神层面上并不孤单，甚至很充实。他们有自己喜欢的东西，有积极追求的理想，有非凡而独立的思想，这比现实中有对象或者有家庭却内心孤单的人更加难能可贵。所以，真正的孤单不是没有人陪，而是精神上的空虚。

在一家大型网络论坛金融版上，一个美女发了个帖子："本人22岁，年轻貌美，身材匀称，谈吐高雅，举止端庄，是那种让人有一见钟情感觉的美女。想找一个年薪千万的富翁做情侣。欢迎广大有为人士预约。"

美女是一种稀缺资源，条件如此优渥的女人不乏爱慕者。但是，一位金融界的富商并不认同这种价值理念，并给这位美女回帖。他说："从做生意的角度看，选择你是一个很糟糕的决定，至少像我这样的有钱人不会选择你。

"通过你的帖子内容来看，你所要的不是爱情或者婚姻，只是一场单纯的'财''貌'交易：一方提供年轻的容貌，一方出钱进行消费，交易平等，绝无欺瞒。但是这里有一个问题，即你的容貌会随着时间贬值，而我的钱不但不会贬值，甚至可能会增值。

"更残酷地说，从经济学的角度看，我是增值资产，你是贬值资产，不但贬值，而且是加速贬值！你现在20多岁，在未来的10年、20年里，你仍可以保持窈窕的身材，虽然每年可能会略有退步，但是美貌消逝的速度会越来越快，如果它是你仅有的资产，5年以后你的价值堪忧。所以，你仅仅想靠美貌来完成这个交易，估计是不太现实的，或者交易不会持续太久。与其苦苦寻找有钱人，你为什么不想办法把自己变成有钱人呢？"

从情感的角度看，这位富商的话确实有点儿残酷和现实。但是从经济学的角度看，他的说法是完全没有问题的，甚至体现了一个理性经济人的最优决策。他没有因为一时冲动就草率决定，而是用理性的态度面对一切。也许，他把这位美女看成了一件商品，与橱窗里的塑料模特没有区别，显然那位美女一开始也把自己当成了一件商品。

那些活得明白的人清楚地知道自己到底需要什么，他们不追求最好、最贵，而是在理性思考的基础上遵从内心的想法。在独身者看来，婚姻和家庭不是人生的全部，有限的生命中还有无限的奋斗目标。有一天当你变得足够优秀的时候，你会发现当初那些很贵、很奢侈的东西，其实也不过如此。

在经济活动中，决策者追求理想条件下的最优目标，选择最优方案，是一种理性思考和决策行为。当然，"最优决策"不同于"满意决策"，两者对决策条件和决策效果的要求存在差异。前者追求在最佳条件下实现最优目标，后者强调在现实条件下取得满意结果。

每个人在买东西的时候肯定都想买最好的，或者至少是最适合自己的。前提是，在自己的财力承受范围之内。

比如买手机，现在很多人都偏重于苹果，但是对每个人来说这是最合适的吗？假如你一个月收入一万多，那么你无论买哪个手机都容易决策，但是如果一个月的工资只有两三千，那么就要考虑花两个月工资买一个手机是否值得。毕竟，手机的主要功能是打电话和上网，现在随便一部一千元左右的手机都能满足这两方面的需求。这时候就要做最优的选择，而不是做最贵的选择。

最贵的不一定最适合自己，那些超出个人经济实力的消费行为，会绑架你的生活。如果透支了当月的支出费用，那么花在买衣服、社交上的钱就会所剩无几。也许一开始你能从新产品中获得超值的消费体验，但是用不了多久你就会习以为常，而接下来就要承受经济拮据的烦恼。

生活中，大部分人都是理性的，权衡利弊之后选择适合自己的生活方式。在许多人眼里，那些独身者似乎属于另类，其实他们这样做是理性思考之后的最优决策。他们在自己承受范围之内选择最符合心理认同的活法，是一个理性经济人应有的行为。

独身也许是一种被迫选择的结果，却也是一种最优决策。或许情感的东西更难掌控，选择独身的人便从其他方面找到精神寄托与安全感。这样即便孤单，也不至于太落魄。"如人饮水，冷暖自知"，有时候你觉得别人终生未婚很孤独，但是也许他们已经读了几千本书，和曾经的先贤大哲日日对话，相互切磋。也许你觉得那些整日发着朋友圈的人有人陪伴，但是有时候那只是表象。适合自己的才是最好的，无所谓孤独不孤独。

聪明的人总是有自知之明，懂得控制自己的欲望。他们能从客观和长远的角度分析到底需要什么，进而做出最适合自己的决策。很多独身的人不是因为自己不够优秀，而是因为太过优秀，让别人望而却步的同时，自己也把事情分析得过于理性化。

经济学解读

在经济学上，最优选择其实是一个取舍的过程，即选择自己真正需要的，放弃那些华而不实的东西。独身并不是什么见不得人的事情，用便宜的手机也不丢人，关键是根据自身的条件量体裁衣，选择自己最需要的，而不是别人眼里最好的。

<<<

离婚可怕，没安全感更可怕——隐成本

为了积累资本，人们必须未雨绸缪：他们必须"等待"和
"节省"，必须为将来而牺牲现在。

现在离婚的人越来越多，离婚后放弃再婚的人也与日俱增。很
多时候，一个人离婚不是因为感情不在了，而是因为失去了初心，
没有了安全感。

就像电视剧《我的前半生》中的罗子君和陈俊生，虽然感情还
是有的，但是两个人所需要的东西不一样了。陈俊生需要一个温柔
懂事，既能持家又能独立的妻子，而罗子君只是一个持家的女性。
当初因为陈俊生的一句承诺放弃了职业生涯，罗子君把自己的青春
都献给了家庭；然而陈俊生在成功以后，却发现自己不需要或者不
喜欢罗子君现在的样子了，于是选择出轨，而后离婚。

主人公罗子君的青春就是她的隐成本，她把自己的成本全部投
给陈俊生，但是后者利用这些成本获得成功后随时都可以抽身离去。

如果青春的时候把自己的成本都给了别人，那么她只能祈祷对
方是一个忠诚的人。相反，如果选择把青春投资在自己身上，实现

保值增值，虽然同样会面临年龄增大、身材退化，但是起码手中握有生存的资本，内心更安全。于是，许多都市女性以我为主，绝不屈服于感情，成了经济独立的大龄单身女。

对婚姻中的女人来说，鱼和熊掌很难兼得，既顾家又挣钱的女性更能掌控自己的命运。因此，任何时候都不要放弃自我成长，不要丢掉赚钱的能力，否则一旦离婚就丧失了与男人谈判的筹码，让人生陷入危险之地。

离婚固然是一件可怕的事情，但是离婚之后自己一无所有更可怕。同理，有时候女性拒绝一个男性的求爱不是因为对方不够优秀，而是因为对方不能给她足够的安全感。

晓雯曾经是一家出版社的编辑，当初因为婚姻放弃了成为总编的机会。男朋友从高中开始就追求晓雯，承诺给她一个幸福忠诚的婚姻，让她婚后在家做全职太太，照顾老人和孩子，完全不用操心挣钱的事。

在出版社上班的时候，晓雯和丈夫已经有孩子了，她确实觉得一边上班一边照顾家人身心俱疲。更重要的是，她与丈夫相处十多年了，完全相信眼前这个人，于是果断放弃了升职机会，选择做一个全职太太。她还记得自己离开公司的时候，同事们眼里既惋惜又羡慕的样子。

晓雯确实成了贤内助，丈夫也确实兑现了当初的承诺，让家人过上了富足的生活。但是，晓雯越来越迷茫，感觉自己每天除了吃喝之外，无所事事。出去逛街的时候，她发现自己已经不再是青春靓丽的少女，于是重新审视未来的人生。

有一天，晓雯去丈夫的公司送一份文件，看到那些青春、有活力的大学生萦绕在丈夫身边，她才有了危机感。于是，她重新拿起书本，自学考研，毕业之后到一家学校教书。虽然已经不再有少女的模样，但是晓雯成了一个知性女人，变得更有魅力了。

当对门邻居家的女主人与丈夫闹离婚，一片昏天黑地的时候，晓雯已经完成了华丽的蜕变，内心更加充实和丰盈。现在，丈夫下班后早早回家，两个人的话题也开始变多了。

很多时候，女人会从男人身上寻求安全感。但是安全感这种东西不是一劳永逸的，它就像一辆车，你买来了就要经常清洗，按时做维护，才能保证寿命和质量。如果你以为得到了就是一辈子，就可以放心了，显然大错特错。婚姻尚需经营，更何况是虚无缥缈的安全感。

对婚姻中的当事人来说，离婚带来的是什么？很多时候受伤最大的是女性，因为男性从一开始就是作为家庭的顶梁柱在外面打拼，而且随着年龄的增长变得越发成熟和成功，所以即便离婚了也不怕。但是对女性而言，离婚可能是一场灾难。对女性来说，家就是她们的一切，一旦家庭破裂了，那么她们就失去了一切。容颜因为时间和操劳变得不再光鲜，女人失去了吸引力，就会变得孤苦无依。

其实，对男女双方来说，安全感都是不可缺少的。无论是选择单身，还是身处婚内，让自己变得更有价值，实现经济独立，永远是第一位的。即便有一天爱人离你而去，你也不会输得一无所有，起码还有重新来过的资本和底气。

经济学解读

　　婚姻也是一场投资，而且是一场以全部身家作为资本的投资。选对了投资对象，无论是成为职业女性还是家庭主妇，都是让人羡慕的人生赢家；选择错了对象，可能这一辈子就毁了。

　　投资的时候应该把资本投给安全感，什么能够持续地给自己带来安全感就投资什么，并且不要把鸡蛋放在一个篮子里。既要给家庭投资，也要给自己投资，至少保证自己不会贬值。

别让虚荣心吃光了你的口袋——财政赤字

当我们以活动来衡量欲望，而欲望成为激发活动的动力时，这并不是说，我们认为一切活动都是有意识的，而且是深思熟虑的结果。因为，在这一点上，像在其他各方面一样，经济学把人看作正像他在日常生活中那样：在日常生活中，人们并不预先考虑每一活动的结果，不管它的推动力是出自人们较高的还是较低的本性。

很多人认为，单身是很省钱的，因为一个人吃饱全家不饿——不用每天担心房贷、车贷、孩子等的各种花销，然而事情并没有看上去那么美好。

单身确实是一种低成本的生活方式，吃饭可以少付一个人的钱，但是单身人士也有很多应酬。比如，亲戚朋友的婚礼，还有孩子的满月，这都是只出不进的支出。

与好友聚餐的时候，考虑到有家室的人家里有老人，孩子要上学，要还房贷、车贷，然后单身的人就主动埋单。这其实是虚荣心在作怪，很容易导致个人财政赤字。

虚荣心是一个很可怕的东西，它像一个气球越吹越大，吹到极限的时候就会爆掉。最重要的是，虚荣心永远不会被满足，直到自己真正得到教训才会有所领悟。有些单身的人少了家庭开支，缺乏理财规划，因此花钱大手大脚。他们平时喜欢打肿脸充胖子，最后花光了口袋里的钱，吃尽苦头的是自己。

赵乐是一家公司的中层领导，快三十了还没结婚，月薪一万多。这在一个二线城市虽然算不上多好，但是至少吃穿不愁了，更何况他还是单身。然而，每个月给父母一些生活费后，他自己手中所剩无几，这是怎么回事呢？

于是，他开始记账，看看自己的钱到底花在哪儿了。到月底拿出记账单，除了正常的吃穿、交通费，还有给父母的生活费，最大的支出就是请客吃饭。隔三岔五请同事和朋友吃饭，甚至在一些中高档地方消费，让赵乐成了"月光族"。

对此，赵乐很无奈。平时习惯了大手大脚，而且亲戚朋友知道他收入不错，所以聚会的时候一般都是赵乐主动埋单。他以后终究要结婚，还要解决父母养老问题，必须有点存款以备不时之需。如果每个月都攒不下钱，他以后会很被动。

于是从第二个月开始，赵乐开始减少不必要的社交，能推掉的就尽量推掉，如果实在推脱不了，就尽量避免全部都由自己买单。大家习惯了赵乐买单，突然发现他不主动结账了，于是就开始抱怨：不就是请客吃饭嘛，这么小气。于是他又得罪了一些人，弄得自己里外不是人，郁闷不已。

赵乐的情况并非个案，在中国这个人情社会很普遍。社交是生活中很重要的一环，大家看重面子也顺理成章。然而，一个人仅凭自己的实力支撑不起想要的面子，反而处处陷入被动。做一个理性人，学会花钱确实是一门很深的学问。

一项调查显示，大学生中有超过半数的人月消费超过2000元，有的甚至一个月超过一万元。除了正常的吃穿之外，最多的就是各种交际、应酬，以及购买昂贵的数码产品，盲目攀比愈演愈烈。

对单身人士来说，因善于理财而过着独立、富足的生活，是令人艳羡的事。但是，如果因为收入拮据，或者乱花钱而导致财政赤字，那么这样的人生就太凄惨了。一个人不管出于什么原因单身，都应该为自己考虑，为将来早做打算。虽然当下吃穿不愁，可以挣多少花多少，但是以后自己慢慢老了，身体不行了怎么办呢？告别虚荣心，活得踏实、理性一些，人生才会更加游刃有余。

在经济学上，财政赤字又称"预算赤字"，指一国政府在每一财政年度开始之初，编制预算时在收支安排上就有的赤字。财政赤字是财政支出大于财政收入而形成的差额，出现了亏空。对个人来说，入不敷出代表财务状况出现危机，变得不安全了。

对单身人士来说，控制好支出是实现财务自由的基础，是享受人生的关键。正常的社交应酬是应该的，但是不能过分透支，浪费不必要的钱财。

相比婚姻内的男女，单身男女面对的各种风险反而更大。因此，如果因为虚荣心导致财政赤字，则只能说明你是一个不成熟、不理性的人。让自己变得更好，首先从财务安全开始，一个财力匮乏的人在生活中会丧失话语权、选择权，甚至得不到应有的尊重。面对外部强大的竞争压力，你又如何去抗争？

经济学解读

　　虚荣心在市场上就相当于奢侈品，你用大价钱把它买回来，但是发现它除了赢得他人虚伪的赞美，没有任何价值。而你当初为了买它，却付出了相当大的代价，随后它成为生活中的鸡肋，"食之无味，弃之可惜"。明智的单身者应放弃虚荣心，选择岁月静好的日子，活出真我。

<<<

年纪越大，结婚压力越大——边际递减

欲望是无止境的、多种多样的，但每一个欲望都是有限度的。人类本性的这种平凡而基本的倾向，可用欲望饱和规律或效用递减规律来说明：一物对任何人的全部效用（即此物给他的全部愉快或其他利益），随着他对此物所有量的增加而增加，但不及所有量的增加那样快。

很多人在年轻的时候总是认为时间还有很多，许多事情等着要做，所以不着急恋爱、结婚，肆意挥霍自己的青春。突然有一天累了，停下来休息的时候，他们才发现，当初一起疯狂的人大多已经结婚生子，只有自己还单身。

现在，很多单身年轻人逢年过节都不愿意回家，是因为受不了亲友无休止的盘问，然后安排相亲。年轻人有自己的想法，有的想先把事业安定下来再结婚，有的担心养活自己都成问题，哪里有能力养家呢？于是，他们在拖延中年龄越来越大。

随着年龄的增长，结婚的压力也在变大，而事业带给自己的成就感和光环也开始慢慢变得暗淡。一个人无论多么努力，取得怎样的成就，如果没有结婚生子似乎就是失败。即使有的人一开始坚定要单身一辈子，然而慢慢地也会被现实打败，渴望有一段感情和一个稳定的家庭。

对推迟结婚的单身男女来说，年龄越大，结婚压力就越大。这类似于经济学里的边际递减效应，反映了个人不婚的资本和收益锐减。在其他条件不变的情况下，如果一种投入要素连续地等量增加，增加到一定产值后，所提供的产品的增量就会下降，即可变要素的边际产量就会递减。对此，德国经济学家戈森提出了一个有关享乐的规律：同一享乐不断重复，则其带来的享受逐渐递减。

单身男女享受一个人的自由和快乐，这种兴奋感和享受会随着时间的推移减弱，而渴望伴侣、家庭的意愿会增强。另一方面，单身男女年龄越来越大，可供选择的结婚对象越来越少，如果自己经济实力不足，那么结婚的难度会成倍增加。

◎单身越久越难找到合适的精神伴侣

许多单身男女并非一生选择独身，而是在一定时期内保持单身。对许多人来说，婚姻仍然是他们的最终归宿。然而随着年龄的增长，他们找到合适的精神伴侣变得越来越困难。

选择合适的伴侣意味着房间里由一个人变成了两个人，无论是快乐还是痛苦，都会有一个人和自己一起分担。遇到困难的时候，有一个人始终站在自己这一边，不求任何回报地给予帮助；生病的时候，有人照顾自己；辞职的时候，有人给予鼓励。然而，一个人单身久了就不善于与亲密的异性打交道了，即便两个人相爱，和谐相处的能力也会退化。如果两个人在一起没有共同语言，怎么可能结婚生子呢？

一个不容忽视的问题是，许多单身男女一个人过了许多年，并非是因为享受这种独居生活，而是因为与异性沟通能力差导致不会爱一个人，也无法得到他人的爱。显然，这一点是致命的。对他们来说，想找到合适的精神伴侣，告别单身生活，首先要迈过自己这一关。

尤其是一个人习惯了独居，让其重新适应两个人的生活会难上加难，这让结婚变得比登天还难。从边际递减的角度看，这意味着一个人沟通能力、相处能力的退化。

◎单身久了让延续后代变得紧迫而困难

中国的传统观念是"不孝有三，无后为大"，即便大龄结婚也无所谓，但是一定要生孩子，养育后代。一个人从生下来的那一刻起，命运就不再是自己一个人的，而是与家庭、社会息息相关的。

站在家庭的角度看，结婚生子是为了生命的延续。大龄单身男女在推迟结婚的这段时间必然遭遇家人催婚，一个重要原因就是担心结婚晚了影响生育。从医学健康角度考虑，这个问题确实存在，而单身男女也心知肚明。所以，如果他们是被迫单身，那么结婚生子的压力会比外界想象的更大，甚至让他们陷入焦虑。

此外，晚婚晚育的大龄单身男女即便有了孩子，还面临一个养育孩子成人的问题。随着年龄的增长，他们必须确保经济上、健康上不出问题，才能将孩子抚养成人。但凡中途出现任何纰漏，都是他们无法承受的。早结婚生孩子的人在50岁前就把孩子送进大学了，但是晚婚晚育的单身男女却至少要在60多岁的时候才能完成这一使命。这些问题都是一种无形的压力，让单身男女心力交瘁。

　　总之，对大部分单身男女来说，最后终究要结婚生子。但是随着年龄的增长，结婚的压力确实会变得越来越大，不只是年龄上的压力，更多的还是物质上和精神上的压力。有的晚婚者早年投身工作和事业，结婚时已经小有成就，那么生活品质会大大提升，以后养育孩子都不成问题。然而也有一些人属于被动单身，到了结婚的时候仍然毫无建树，那么生存压力会大增。

　　有些单身男女坚持晚婚是出于迫不得已，他们其实是在以时间换空间，或者说是进行赌博——赌自己若干年后工作或事业有起色，实现财务自由。如果赌赢了，他们就有足够的资本顺利结婚生子；如果赌输了，他们往往会让自己变得更加被动。年龄不断增加，而个人财富没有改观，边际递减效应让他们迅速贬值，导致他们在婚姻市场上无人问津。

经济学解读

　　所有的东西都会有一个保质期，新鲜的时候是价值最大最美好的时候，随着时间的流逝，越接近保质期，价值就会越小，直到快要到保质期的时候被拿去打折销售。也有一些东西会随着时间变得价值越来越大，比如酒，时间越长越香。

　　但是，人终究是会消逝的生物，所以应该抓住最美好的年华，做好最应该干的事。单身很自由，但是婚姻也有另一种美好，不突破边际递减效应的底线，在资本尚存时完成结婚生子的重任，才是明智之举。

单身是不愿将就的结果——雷布森选择

> 人类的欲望和希望在数量上是无穷的，在种类上是多样的；但它们通常是有限的并能满足的。

很多时候，人们做出一项选择其实是被迫的，因为根本就没有其他选择的余地，你只能这么做。许多人到了结婚年龄，顺理成章地走进婚姻的殿堂，有的是因为真爱，有的是因为"该结婚了"。

选择将就结婚的人，赌上了自己和未来，日子也能过得有声有色；不肯将就的人，推迟了结婚年龄，成为单身男女，他们不肯拿自己的幸福做赌注，期待将来遇到对的人。对于这种现象，我们可以用经济学上的"雷布森选择"进行阐释。

1631年，英国剑桥商人雷布森从事马匹生意。他在宣传中说："任何人买我的马或者租我的马，绝对保证价格是最便宜的，并且可以随便挑选。"雷布森的马圈很大，马匹很多，但是马圈只有一个小门。

这就出现了一个有趣的现象，高头大马出不去，能出来的都是瘦马、小马，结果买马的人左挑右选，最后牵走的不是瘦马，就是小马。大家挑来挑去，自以为做出了满意的选择，结果可想而知——只是一个低级的决策结果，其实质是小选择、假选择、形式主义的选择。

从上面的故事我们可以看出，如果一种选择是在有限的空间里进行的，那么它就是有限的选择，无论如何思考、评估与甄别，最终得到的都是差劲的结果。于是，管理学家西蒙把这种没有选择余地的选择嘲讽为"雷布森选择"。

在经济自由、观念开放的时代，年轻人有了更多自主选择恋人的机会。但是你选择别人的同时，别人也在选择你。如果自身条件不够、实力不足，那么找到心目中的恋人就无法从梦想变为事实。许多人在选择结婚对象这件事上，不肯进行"雷布森选择"，不肯在一段将就的婚姻中赌上自己和未来，于是一再推迟了结婚年龄，成为大龄单身者。

生活中，离婚率的不断攀升和出轨事件的习以为常，让很多年轻人对婚姻望而却步。越来越多的人面对婚姻，要么越来越谨慎，要么越来越随便。越来越谨慎的人变成了大龄男女青年，越来越随便的人推高了离婚率，甚至成为出轨人群中的积极分子。

越来越多的人，选择做吃瓜群众，远远地看着别人结婚。对婚姻美满的人，很文艺地用文字总结一下；对婚姻破裂的人冷眼旁观，冷嘲热讽一番，然后对自己选择单身的明智做法进行一番自我表扬。

也有人认为，两个人如果有几年的感情基础也许会好一些，最起码不至于离婚。然而，即使恋爱时爱得死去活来，两个人也同样要面对漫长的婚姻生活，也同样需要下赌注，决定是否和那个人生活一辈子。至于以后的生活是否幸福，完全是一个未知数。有的人赌赢了，即使开始吃一些苦，也会苦尽甘来，过上幸福恩爱的生活；有的人赌输了，激情随着时间慢慢消耗殆尽。

小莫从师范毕业的时候，长相甜美，温婉而有才华，是小伙子梦寐以求的对象。当初，男朋友家境贫寒，刚从一所中专学校毕业，工资不高，还要为父母分担忧愁，补贴正在上学的弟弟。

是否跟男友结婚，小莫有些犹豫，但是妈妈对她说："千万不要看眼前，这是一个优秀的小伙子，人品极佳，又才华横溢。虽然眼前生活有些困难，但是穷不扎根，富不结果，别说拿出一部分钱供弟弟上学，就是拿出全部工资也应该。"

于是，小莫在妈妈的鼓励下结婚了。婚礼那天，天寒地冻，场面很寒酸，当时别说婚纱，就是小莫的婚礼化妆还是同事帮忙解决的。一晃快十年过去了，那个寒酸的小伙子早已成了部门领导，而且工作踏实，口碑极好。小莫和丈夫养育了一个儿子，小日子过得甜蜜滋润，这也许就叫苦尽甘来吧！

许多人之所以把婚姻看得太重，陷入纠结之中，主要是在用赌博心理做出结婚的决策，而不是用爱成全对方，也成就自己。选择伴侣时，无论穷困还是富足，最主要的是对方人品好，能够同甘共苦，能够知冷知热，其他附加条件都占据次要位置。如果有人能真心地疼你一辈子，那大概就是最大的幸福。

随着时代进步，人们的观念也在改变。很多以前非常重要的东西现在变得不再重要，而以前可有可无的东西，却被视若珍宝了。这也许是一种幸运，也许是一种无奈。对单身男女来说，要么早点下赌注，开始家庭生活；要么不赌婚姻，选择赌自己，未来几年在事业、财富上有较大改观，或者遇到那个对的人。试一试运气，试一试自己的能力，即便真的失败了，大不了还是一个人。

经济学解读

从市场经济的角度来看，婚姻这场赌博就像买保险一样，将来在人生各个关口有人商量、相互扶持。如果选择暂时不买，你就要加倍努力奋斗，以便将来有晚婚的资本和底气。

"雷布森选择"是没有选择余地的选择，表明许多时候要面对人生的无奈。选择早结婚未必不幸福，选择单身未必更快乐，最重要的是做好自己。

‹‹‹

单身消费的四大趋势

1. 休闲化：娱乐至上和肉少、难嚼、滋味好

单身容易"空虚寂寞冷"。单身群体的一大消费特质即可支配时间较多，无须与伴侣和家庭相伴的他们更愿意将时间用于满足个性化需求的消费上，尤其表现在娱乐性消费和饮食性消费。

在物质生活充裕以及娱乐媒介丰富的时代下，单身群体一方面有大量的时间花费在网络终端上，网络可以满足他们对休闲、社交、购物等的需求，因此对网络上的娱乐活动有较强的依赖度。另一方面，在饮食上，单身群体由于作息的相对不规律，进食频率低、时间长，更钟情于肉少、难嚼、滋味好的零食补充。

单身人士崇尚娱乐至上。针对单身群体最为典型的娱乐活动就是网络游戏。根据陌陌大数据显示，活跃的游戏用户里，单身人数高达75%。对单身男女玩家来说，玩游戏的首要目的是放松娱乐，特别对宅男来说，游戏几乎是他们的生活主体。

根据《问道》游戏的调查显示，该游戏中有51%的男性玩家，日均游戏时长超过4个小时，即除了吃饭睡觉以外，有几乎近1/3的

时间泡在游戏上；女玩家则相对理性，但是游戏时长达到3个小时及以上的群体也有25%的比重。

以单身贵族作为目标群体的娱乐节目收视效果颇佳。在影视行业上，单身群体也催生了众多新型的娱乐内容。比如，电视婚恋交友节目在我国各大电视台遍地开花，其中江苏卫视的婚恋交友节目"非诚勿扰"应该说是单身经济的典型代表。

此外，"相亲"和"户外真人秀"节目的嫁接融合也掀起了一股热潮。如杧果TV热播的《黄金单身汉》未播先火，首期节目总播放量近2500万；乐视打造的国内首档生存式社交真人秀《单身战争》，颠覆了传统语言类恋爱交友节目模式，首播获超5000万点击量，并在2017年1月网络综艺播放量中排名第二位。

在消费升级的大背景下，现代单身人士的消费更加追求享受，代表青春活力和潮流生活态度的轻奢理念也在娱乐休闲的各个方面持续发酵。在多元的社会环境中，这种"把时间浪费在美好的事物上"的价值观，成为新时代单身贵族的标签。基于此，娱乐休闲产业逐步在内容创作、商业模式定制与变现等领域积极探索。

单身群体由于空闲时间多，饮食习惯也存在变化，进餐时间点更随性，更偏好随时随地的食品补充，尤其钟情肉少、难嚼、滋味好的休闲零食。尽管用零食取代正餐并非最健康的选择，但在单身群体的决策排序上，他们更看重食品的口味，其次是趣味和价格，健康居末，突显出年轻就是任性、成家前"浪一浪"的单身特性。

市场也给予了单身群体这类选择的足够多的支持，休闲食品种类快速扩大，行业规模过去10年的CAGR（年均增长率）保持在15%以上，未来5年CAGR有望在13%左右，预计2016年休闲食品行业规模将突破1.3万亿。

2. 社交化：网络社交和晒吃、炫肌、寻脱单

单身群体的第二大特质即求脱单。寂寞难耐的单身生活，使得单身群体往往更需要朋友的陪伴和关爱，主观上也更有动力去寻求脱离单身的法门，对社交需求的渴望更强烈。落实在行动上，一方面体现在积极通过各类社交媒体进行网络化、互动化社交，增进沟通的频率，扩大交流群体，选择芸芸潜在的另一半；另一方面则体现在通过健身进补增强社交魅力，在朋友圈晒吃、深夜秀食扩大圈内影响力，渴望早日脱单。

在用户群体和媒介渠道的变化之下，社交媒体发展不断地演进。目前，我国的社交应用类型主要分为即时通信工具，综合社交应用，图片、视频社交应用等。其中即时通信工具的使用率最大占90.7%；综合社交应用的使用率为69.7%；工具性较强的图片、视频类应用使用率为45.4%，排在第三。

用户使用社交应用的主要目的是沟通交流。关注新闻热点及感兴趣的内容、获取及分享知识。CNNIC（中国互联网信息中心）调查结果显示，40.4%的社交用户使用社交应用的目的是认识更多新朋友，45.2%的社交用户联系人中有网上认识的朋友。

陌生人社交其实一直贯穿于人类社交行为中，在移动互联网时代，这种需求通过陌生人社交应用产品被引导和释放。像陌陌等定位为认识新朋友的社交平台通过引入可识别的身份和个人标签，建

立接近真实的社交场景，让相似社会经历的用户能够匹配，极大地发挥出弱关系的价值。

从年龄属性来看，微博、微信、陌陌三大应用的用户年龄主要集中在20～29岁，占整体用户的45%左右，其次是30～39岁用户，占比在20%以上；陌陌用户最年轻，用户在39岁以下的比例占90%以上，其次是新浪微博，39岁以下用户占85%左右，微信在40岁以上用户中的渗透率较高。可见，三大社交应用的主要用户群体与单身群体具有较高的人群重合度，符合年轻群体热爱张扬个性、乐于分享的群体特点。

从媒介的角度看，富媒体时代已经来临，而主流社交应用已不能满足富媒体的传播形式。语音、图片、视频等传播方式丰富了互联网渠道的内容资源，对传统的互联网媒介形成了颠覆。富媒体重新塑造了社交平台的形态，包括图片社交、短视频平台、直播平台等多种类型的社交平台出现，人们沟通的方式从文字变成语音、图片、视频等多种形式，社交方式极大地多元化。

在富媒体时代，信息维度呈现多元化趋势，传播的载体更加丰富，包括图片类的Instgram、Snapchat，视频类的Youtube、美拍和直播类的映客、花椒，成了富媒体时代中新的社交平台。对"单身贵族"来说，这类集社交、娱乐、媒体等属性于一体的社交应用更能表达自己独特的个性主张，成为与新朋友"破冰"的主要工具。

单身群体普遍具有较强的脱单意愿。珍爱网发布《2017情人节调查报告》抽取的1935份样本中，七八成的单身人士表达出强烈的脱单意愿。而社交是脱单最有效的途径之一，对单身男性而言，运动健身、操练体型、壮实肌肉是他们的重要选择，从外在塑形去提高个人魅力以求早日脱单；对单身女性而言，她们更多选择烘焙蛋糕、发朋友圈秀厨艺等行为来提升社交圈子中的贤惠魅力值，渴望获得认可，从而加快脱单。

国内健身塑形成为潮流，修炼肌肉提升魅力。随着西方运动方式的流行，居民健康保健意识的提升，国内参加健身、马拉松等各种运动的人数量近两年呈爆发式的增长，运动营养与体重管理行业也迎来快速发展的春天。

国务院颁布的《全民健身计划（2016—2020年）》将全民健身计划提升为国家的重要发展战略，并提出到2020年，经常参加体育锻炼的人数达到4.35亿，相关消费总规模达到1.5万亿元。据Roland Berger预计，至2020年，中国运动营养产品每年可增长15%，体重管理产品每年可增长10%。

家庭烘焙减压，秀朋友圈实现社交互动。与传统重油重烟的中式料理不同，单身群体更偏好具有文化、时尚、休闲等附加属性的烘焙活动，将其视为休闲减压的新选择。另外，智能化设备、新技术的发展，使得家庭烘焙成为可能，将烤制曲奇饼干、蛋糕照片发布在朋友圈已经成为单身群体社交的新方式。

单身派对聚会吃火锅，社交不再寂寞。对单身群体而言，通过聚餐社交互动是实现脱单的重要手段。如今火锅已经成为线下聚餐派对的首选，火锅以炖煮为核心，拥有多样化的锅底搭配，浓油重酱、清汤寡水均能满足需求，自选式的食材也给予了单身群体充分的自由选择空间。

3. 猎奇化：隐"性"广宣和私密产品

单身群体猎奇心强，隐"性"广宣和私密产品存商机。对单身群体来说，针对"性"的猎奇心理更强、敏感度更高。进入21世纪后，社会文化进一步开放，"性"与"性需求"不再是难以启齿的话题。

在社会开放的背景下，涉"性"的言论和话题快速增多，为了迎合这类群体的猎奇心态，隐含"性"色彩的广告宣传以及与"性"相关的私密产品更易击中单身群体的痛点，从而获取商机。

4. 个性化：从硬植入到软植入，从普适到定制

单身贵族在追求生活品质的过程中崇尚推陈出新，寻求能够彰显个性、标新立异、形成个人独特标签的表达方式。这要求产品能够赋了该群体创造自我、表达自我的方式，满足其个性化需求。因此，原有普适性、同质化的商品以及生硬的广告植入宣传方式已无法匹配该群体的要求。

日常快消品品牌，正迅速加入本来只属于高端品牌的"私人定制"的队列。如一些食品饮料企业推出定制酒、定制月饼等定制产品；另外，借助独特传媒媒介，进行特征化的软性广告植入将获得上述群体更多的关注，也为企业带来新的业务增长点。

个性化需求觉醒，定制化消费方兴未艾。从消费者结构来看，"80后""90后"正逐渐成为消费主力军，其中又包含了大量适婚年龄的单身群体。在网络消费的大潮下，占全国总人口31%的"80后""90后"却贡献了中国网购人群的73%，在人数上成为绝对消费主力。

与此同时，他们的消费行为与消费理念有了很大的改变。相比消费相对理性的已婚群体，单身贵族消费行为更加情绪化、感性化，渴望通过特殊的标签化产品来彰显自身个性，对价格的敏感度较低。